La conjugaison des verbes avoir et être

avoir	être
Présent (de l'indicatif)	
j'ai tu as il, elle a nous avons vous avez ils, elles ont	je suis tu es il, elle est nous sommes vous êtes ils, elles sont
Futur (de l'indicatif)	
j'aurai tu auras il, elle aura nous aurons vous aurez ils, elles auront	je serai tu seras il, elle sera nous serons vous serez ils, elles seront
Passé composé (de l'indicatif)	
j'ai eu tu as eu il, elle a eu nous avons eu vous avez eu ils, elles ont eu	j'ai été tu as été il, elle a été nous avons été vous avez été ils, elles ont été
Imparfait (de l'indicatif)	
j'avais tu avais il, elle avait nous avions vous aviez ils, elles avaient	j'étais tu étais il, elle était nous étions vous étiez ils, elles étaient

Les Ateliers Hachette présentent :

Les *lectures* de Max, Jules et leurs copains

CE1 Cycle 2

Manuel

Livre de lecture

Isabelle CARLIER
Professeur des écoles

Angélique LE VAN GONG
Professeur des écoles

Michelle VARIER
I.E.N.

HACHETTE
Éducation

Responsable éditoriale : Stéphanie-Paule Saïsse

Éditeur assistant : Marie Lucas

Création de la maquette de couverture : Laurent Carré

Exécution de la couverture : Typo-Virgule

Création de la maquette intérieure : Caroline Rimbault

Mise en pages : Typo-Virgule

Recherche iconographique : Marie Lucas

Relecture typographique : Jean-Pierre Leblan

Fabrication : Isabelle Simon-Bourg

Pour Hachette Éducation, le principe est d'utiliser des papiers composés de fibres naturelles, renouvelables, recyclables, fabriquées à partir de bois issus de forêts qui adoptent un système d'aménagement durable.
En outre, Hachette Éducation attend de ses fournisseurs de papier qu'ils s'inscrivent dans une démarche de certification environnementale reconnue.

ISBN : 978-2-01-117391-1

© Hachette Livre 2008, 43, quai de Grenelle, 75905 Paris Cedex 15.

Tous droits de traduction, de reproduction et d'adaptation réservés pour tous pays.

Le Code de la propriété intellectuelle n'autorisant, aux termes des articles L. 122-4 et L. 122-5, d'une part, que les « copies ou reproductions strictement réservées à l'usage privé du copiste et non destinées à une utilisation collective », et, d'autre part, que « les analyses et les courtes citations » dans un but d'exemple ou d'illustration, « toute représentation ou reproduction intégrale ou partielle, faite sans le consentement de l'auteur ou de ses ayants droit ou ayants cause, est illicite ».
Cette représentation ou reproduction, par quelque procédé que ce soit, sans autorisation de l'éditeur ou du Centre français de l'exploitation du droit de copie (20, rue des Grands-Augustins 75006 Paris), constituerait donc une contrefaçon sanctionnée par les articles 425 et suivants du Code pénal.

Avant-propos

Ce manuel de lecture destiné aux élèves de CE1 a pour objectif de consolider l'apprentissage de la lecture, d'initier les élèves à une véritable culture de l'écrit et de développer leurs capacités à produire des écrits de types différents, comme le préconisent les instructions officielles. Il vise à exercer et à développer les trois compétences essentielles et indissociables que sont **dire**, **lire** et **écrire**. Organisé autour de sept thèmes allant d'univers proches des enfants à des thèmes liés à l'imaginaire, il fait de la lecture un apport de culture ainsi qu'une ouverture aux autres et au monde.

Lire

Chaque chapitre s'organise autour d'un thème et propose :
- **un album ou un récit** issu de la littérature de jeunesse. Ces textes, de longueur et de difficulté progressives, sont découpés en deux ou trois épisodes ;
- **des textes plus courts pour faire découvrir aux élèves des genres littéraires variés** (conte, bande dessinée, fiche de fabrication, pièce de théâtre…).

Les élèves découvrent ainsi des textes de nature et de forme très différentes. Ils apprennent à les lire et à les comprendre grâce à un questionnement et à un travail d'observation sur le vocabulaire et les phrases du texte.

Dire

La lecture à voix haute est systématiquement travaillée lors de chaque séquence de lecture, afin de renforcer la compréhension et de développer le plaisir de dire, voire de jouer comme au théâtre.

Par ailleurs, d'autres formes d'expression orale sont proposées pour apprendre à mieux maîtriser le langage :
- chaque chapitre débute par **un débat collectif**, introduit par une question ouverte en rapport avec le thème ;
- en relation avec chaque texte de lecture, la rubrique « **Je donne mon avis** » est destinée à entraîner les enfants à des prises de parole argumentées plus longues et plus personnelles ;
- enfin, **des poèmes** viennent clore chaque chapitre pour que les enfants découvrent la puissance poétique du langage, la richesse de l'imaginaire et le plaisir de dire.

Écrire

Lire et écrire sont deux activités qui doivent être menées de front. Deux types de productions d'écrit sont attendues des élèves :
- après chaque texte de lecture, **un écrit de quelques phrases en lien avec le texte lu** (changer le début ou la fin, continuer l'histoire, se projeter dans un personnage…) ;
- à la fin de chaque chapitre, **un projet d'écriture**, plus ambitieux. Il fournit aux élèves une méthodologie précise et structurée afin de les aider à produire des écrits de types différents (pense-bête, affiche, lettre, récit…).

L'étude de la langue

Enfin, pour consolider et structurer les apprentissages, sont proposées dans chaque chapitre :
- une révision systématique de deux **sons**, qui débouche sur une règle d'orthographe ;
- une approche succincte de la grammaire à partir de **l'observation des phrases** des textes lus pour favoriser la compréhension du fonctionnement de la langue ;
- une découverte des notions de base du **vocabulaire** (synonymes, mots de la même famille…).

Les auteurs

Sommaire

Thème 1 — Les animaux

Débat	Conte	Les sons	Les sons	Documentaire
Quelles responsabilités a celui qui possède un animal ?	« Le chat si extraordinaire », Madeleine Riffaud	Le son [e] (é, er, es, ez)	br, cr, vr, gr, bl…	Comment t'occuper de ton hamster ?
p. 11	p. 12	p. 18	p. 19	p. 20

Thème 2 — Manger, bouger, jouer !

Débat	Récit	Les sons	Les sons	Documentaire
Que faut-il faire pour être en forme ?	« Docteur Pirouette », Corinne Albaut	Le son [ɔ̃] (on, om)	Le son [ɛ̃] (ain, aim, ein, en, in, im)	Faire du sport, ça fait du bien !
p. 29	p. 30	p. 36	p. 37	p. 38

Thème 3 — Le Soleil et la Lune

Débat	Conte	Les sons	Les sons	Documentaire
Le Soleil est-il plus important que la Lune ?	« Cache-Lune », Éric Puybaret	Le son [ã] (an, am, en, em)	Le son [ɛ] (ai, e, è, ê, ei, et)	Les 8 planètes du système solaire
p. 47	p. 48	p. 56	p. 57	p. 58

Thème 4 — Enfants d'ici, enfants d'ailleurs

Débat	Conte	Les sons	Les sons	Documentaire
Que sais-tu de la vie des enfants d'autres pays ?	« La pluie des mots », Yves Pinguilly	Les sons [o] et [ɔ] (au, eau, o, ô)	Le son [ʒ] (g, ge, j)	L'école à travers le monde
p. 67	p. 68	p. 76	p. 77	p. 78

Sommaire

Bande dessinée	Récit	Vocabulaire	Projet d'écriture	Poésie
« Surprise ! », Verron d'après Roba	« Escargot et tortue, tortue et escargot », Bernard Friot	L'ordre alphabétique	Écrire un pense-bête	« La girafe a-t-elle bu ? », Pierre Coran « Le hibou et l'hirondelle », Claude Roy
p. 22	p. 24	p. 26	p. 27	p. 28

Affiche	Récit	Vocabulaire	Projet d'écriture	Poésie
La santé vient en mangeant et en bougeant !	« Le dîner de Zoé », Pascal Garnier	Les mots-étiquettes	Créer une affiche	« Les Confitures », Andrée Chédid « Ronde », Pierre Béarn
p. 40	p. 42	p. 44	p. 45	p. 46

Théâtre	Roman	Vocabulaire	Projet d'écriture	Poésie
« L'Avion et la Lune », Brigitte Saussard	« Le Soleil veut rencontrer la Lune », Sarah K.	Les familles de mots	Écrire un épisode	« Le Chat et le Soleil », Jacques Charpentreau « Ballade à la Lune », Alfred de Musset
p. 60	p. 62	p. 64	p. 65	p. 66

Récit	Recette	Vocabulaire	Projet d'écriture	Poésie
« Lili et le goût de la Chine », Guillaume Olive et Zhihong He	« Biscuits des lutins », Corinne Albaut	Les contraires	Écrire une lettre	« Viens en France, enfant lointain », Alain Bosquet « L'île des rêves », Jacques Charpentreau
p. 80	p. 82	p. 84	p. 85	p. 86

Sommaire

Thème 5 — *L'eau*				
Débat	**Conte**	**Les sons**	**Les sons**	**Documentaire**
Pourquoi a-t-on besoin d'eau ?	« Yatiri et la Fée des Brumes », Danièle Ball-Simon	Le son [s] (c, ç, s, sc, ss, t, x)	Le son [z] (s, z)	Pourquoi faut-il économiser l'eau ?
p. 87	p. 88	p. 96	p. 97	p. 98

Thème 6 — *La mythologie*				
Débat	**Récit**	**Les sons**	**Les sons**	**Documentaire**
Qu'est-ce qu'un héros ?	« Les aventures d'Ulysse », Thérèse de Chérisey et Vanessa Henriette	Le son [k] (c, cc, ch, k, qu)	Le son [j] (i, il, ill, ll, y)	Les habitants du mont Olympe
p. 107	p. 108	p. 120	p. 121	p. 122

Thème 7 — *Les aventuriers de la mer*				
Débat	**Roman**	**Les sons**	**Les sons**	**Interview**
Qu'est-ce partir à l'aventure ?	« Fille de pirate », Christophe Miraucourt	Le son [g] (g, gu)	Les sons [ø], [œ] et [ə] (e, eu, œu)	Rencontre avec Maud Fontenoy (1)
p. 131	p. 132	p. 144	p. 145	p. 146

Sommaire

Fiche de fabrication	Théâtre	Vocabulaire	Projet d'écriture	Poésie
Fabriquer un pluviomètre	« Barbababor », François Place	Les synonymes	Écrire une fiche de fabrication	« Poisson », Paul Eluard « Giboulées », Raymond Richard
p. 100	p. 102	p. 104	p. 105	p. 106

Article	Récit	Vocabulaire	Projet d'écriture	Poésie
Achille	« Le lion de Némée », Thérèse de Chérisey et Vanessa Henriette	Un mot, plusieurs sens	Écrire la fin d'une histoire	« Heureux qui comme Ulysse », Henri Colpi
p. 124	p. 126	p. 128	p. 129	p. 130

Interview	Roman	Vocabulaire	Projet d'écriture	Poésie
Rencontre avec Maud Fontenoy (2)	« Avril prend la mer », Henrietta Branford	Les homophones	Écrire les questions pour une interview	« Ma frégate », Alfred de Vigny « Vive le voilier qui passe », Maurice Carême
p. 148	p. 150	p. 152	p. 153	p. 154

Présentation

Chaque thème contient :

- Une histoire complète, divisée en 2 ou 3 épisodes.

Le texte est accompagné d'un **questionnaire précis et structuré** sur la compréhension, le vocabulaire, l'étude de la langue, la lecture et l'expression orale.

Les **mots difficiles** sont expliqués dans la marge.

Une **petite production d'écrit** conclut l'étude de chaque épisode.

- Une double page pour réviser deux sons.

Des **exercices variés** sont ensuite proposés (recherche de mots, reconnaissance auditive, visuelle, écriture…).

Chaque page commence par **l'observation d'un extrait du texte de lecture**.

La rubrique « **Je retiens** » met en évidence l'essentiel à retenir.

de l'ouvrage

- **Trois autres doubles pages** présentent des textes issus de genres littéraires variés (documentaire, roman, théâtre, interview…) accompagnés du même type de questionnement que l'histoire complète.

- **Une page « Vocabulaire » et une page « Projet d'écriture ».**

Ces pages sont consacrées à l'étude de **notions de vocabulaire**.

La page **« Projet d'écriture »** s'appuie sur l'un des textes du thème et propose aux élèves des **outils pour les aider à écrire**.

- **Une page « Poésie » clôt le thème.**

Les animaux

MAXI DÉBAT

Quelles responsabilités a celui qui possède un animal ?

Conte	« Le chat si extraordinaire », Madeleine Riffaud	pp. 12 à 17
Documentaire	Comment t'occuper de ton hamster ?	pp. 20-21
Bande dessinée	« Surprise ! », Verron d'après Roba	pp. 22-23
Récit	« Escargot et tortue, tortue et escargot », Bernard Friot	pp. 24-25
Poésie	« La girafe a-t-elle bu ? », Pierre Coran et « Le hibou et l'hirondelle », Claude Roy	p. 28

Conte

Le chat si extraordinaire (1)

un **mandarin** : nom donné autrefois à des personnages importants en Asie.

fier : être satisfait et le montrer.

baptiser : donner un nom.

Il était une fois un mandarin qui possédait un chat et qui l'aimait beaucoup. Il en était si fier, il trouvait l'animal si extraordinaire qu'il décida de le nommer « Ciel ».

Or, un jour, un ami lui dit :

5 – Permettez-moi de vous faire remarquer qu'il est une chose plus puissante que le ciel, ce sont les nuages, puisque les nuages peuvent cacher le ciel.

– Vous avez raison, répondit le mandarin. Et je vous remercie. Je vais désormais baptiser mon chat si extraordinaire du nom de « Nuage ».

Madeleine Riffaud, *Le Chat si extraordinaire*, © Madeleine Riffaud.

Je comprends

1. Où se passe cette histoire ? Grâce à quel mot le sais-tu ?
2. Comment le mandarin veut-il appeler son chat ? Pourquoi ?
3. Pourquoi les nuages sont-ils plus puissants que le ciel ?
4. Comment le mandarin décide-t-il d'appeler son chat à la fin du texte ? Pourquoi ?
5. Relis les premiers mots du texte. Connais-tu d'autres histoires qui commencent de la même façon ?
6. Comment les appelle-t-on ?

Je découvre les mots du texte

1. Cite des choses ou des faits qui te semblent extraordinaires.
2. Explique le sens du mot **extraordinaire**.
3. Quels sont les deux mots qui forment le mot **extraordinaire** ?
4. Trouve un autre mot fabriqué avec **extra**.

J'observe les phrases du texte

1. Relis les trois premières lignes du texte. Combien comptes-tu de phrases ?
2. Par quoi se terminent les phrases que tu viens de lire ?
3. Comment reconnais-tu une phrase ?

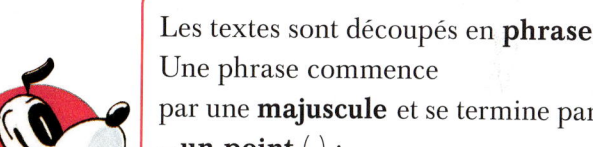

Les textes sont découpés en **phrases**.
Une phrase commence
par une **majuscule** et se termine par :
– **un point** (.) ;
– **un point d'interrogation** (?) ;
– **un point d'exclamation** (!) ;
– **des points de suspension** (…).

Je m'exerce à lire et à dire à voix haute

1. Lis la fin du texte à partir de la ligne 8. Où fais-tu une pause dans ta lecture ?
2. Pourquoi ?
3. Relis maintenant tout le texte en respectant bien les pauses entre les phrases.

Je donne mon avis

1. Si tu avais un chat extraordinaire, comment l'appellerais-tu ?
2. Connais-tu quelque chose qui soit plus puissant que les nuages ?

J'écris

- Imagine que le mandarin possède un autre animal.
Recopie et complète le début de l'histoire :
« Il était une fois un mandarin qui possédait … et qui l'aimait beaucoup. Il en était très … . Il trouvait l'animal si … qu'il décida de l'appeler … »

Thème 1 – Les animaux !

Le chat si extraordinaire (2)

À quelque temps de là, un autre mandarin prenait le thé à la maison.
– Comment ? s'écria-t-il, vous appelez « Nuage » cet animal si extraordinaire ? Mais il est une chose bien plus forte que les nuages : c'est le vent qui les chasse devant lui.

5 Dès lors, son maître nomma « Vent » le chat dont il était si orgueilleux.

Une semaine ne s'était pas écoulée que le maire de la ville, invité chez le mandarin, aperçut le chat si extraordinaire.
– « Vent », dit-il, me paraît un nom bien indigne des mérites de cet
10 animal préféré. Le vent trouve facilement son maître. C'est le mur qui peut l'arrêter.
– En effet, répondit le propriétaire du chat. Désormais, mon animal mieux-aimé s'appellera « Mur ».

Madeleine Riffaud, *Le Chat si extraordinaire*, © Madeleine Riffaud.

orgueilleux : fier.

indigne des mérites : pas assez bien pour quelqu'un.

trouver son maître : rencontrer quelque chose ou quelqu'un de plus fort que soi.

Je comprends
1. Pourquoi le vent est-il plus fort que les nuages selon le second mandarin ?
2. Qui arrive quelques jours après chez le mandarin ?
3. Quel nom propose cette personne pour le chat ? Pourquoi ?
4. Que décide alors le mandarin ?
5. Le mandarin dit-il pourquoi ce chat est un animal si extraordinaire ?

Je découvre les mots du texte
1. Ce chat est l'animal **préféré** du mandarin. Trouve plusieurs phrases pour le dire autrement.
2. Quels sont les mots utilisés par le mandarin pour parler de son chat préféré ligne 13 ?
3. Est-ce une expression habituelle ?
4. Pourquoi est-elle facile à comprendre ?

J'observe les phrases du texte
1. Combien y a-t-il de phrases de la ligne 5 à la ligne 8 ?
2. Lis la suite de mots suivante. Que remarques-tu ?
   - le arrêter mur C'est qui l' peut.
3. Remets ces mots dans l'ordre pour que cette suite de mots ait un sens.

Une phrase est **une suite de mots qui a un sens**.

Le mandarin a un chat extraordinaire.

4. Quel mot faut-il supprimer dans la suite de mots suivante pour qu'elle ait un sens ?
   - Le mandarin est très parmi fier de son chat.

Je m'exerce à lire et à dire à voix haute
1. Combien de pauses fais-tu en lisant la phrase suivante ? Pourquoi ?
   - « Vent », dit-il, me paraît un nom bien indigne des mérites de cet animal préféré.
2. Lis le texte de la ligne 7 à à la ligne 13 en respectant les pauses après les virgules et les points.

Je donne mon avis
1. Que penses-tu des noms donnés à ce chat ?
2. Trouves-tu que le nom qu'on donne à un animal est important ? Pourquoi ?

J'écris
- Écris la suite de l'histoire :
« Un ami dit au mandarin :
– Il est une chose bien plus forte que le mur, c'est …
– Vous avez raison, répondit le mandarin. Et je vous remercie. Je vais … »

Conte

Le chat si extraordinaire (3)

Un peu plus tard, un étudiant qui travaillait chez le mandarin fit remarquer respectueusement au seigneur qu'il est un être capable de vaincre le mur : la souris qui y perce son trou.

– C'est vrai, reconnut le mandarin. Je vais
5 donc appeler ce chat si extraordinaire
« Souris ».

Alors vint à passer le petit garçon du jardinier.

– « Souris » ! s'écria-t-il en riant. Mais il
10 y a quelqu'un de bien plus puissant que la souris, c'est le chat qui l'attrape et la mange !

Monsieur le mandarin comprit sa vanité. Désormais, il appela cet animal dont il
15 était si fier du plus beau nom qu'il pût lui décerner : « Chat ».

Madeleine Riffaud, *Le Chat si extraordinaire*,
© Madeleine Riffaud.

---

un **être** : **quelqu'**un.

comprendre sa vanité : comprendre que l'on a été orgueilleux.

décerner : donner.

Je comprends

1. Que dit l'étudiant au mandarin ?
2. Qui est le seigneur (ligne 3) ?
3. Que dit le fils du jardinier ?
4. Pourquoi rit-il ?
5. Que comprend le mandarin ?
6. Quelle décision prend-il ?
7. Pourquoi **Chat** est-il le plus beau nom possible pour cet animal ?

Je découvre les mots du texte

1. Cherche le sens du mot **respect**.
2. Pourquoi l'étudiant parle-t-il **respectueusement** au mandarin ?
3. À qui dois-tu t'adresser avec respect ?

J'observe les phrases du texte

1. Observe les deux dernières phrases du texte. Compte les mots de chaque phrase. Que remarques-tu ?
2. Touve la phrase la plus longue du texte. Est-elle facile à lire et à comprendre ? Pourquoi ?

Une phrase comporte un ou plusieurs mots.

Bonjour !

Le mandarin a un chat vraiment extraordinaire.

Je m'exerce à lire et à dire à voix haute

1. Lis la phrase suivante en faisant les liaisons indiquées.
   - Le mandarin admire tous les‿oiseaux qu'il voit : les‿aigles, les‿autruches, les rossignols, les‿alouettes, mais c'est son chat qu'il préfère.
2. Pourquoi fait-on la liaison pour **les oiseaux** et pas pour **les rossignols** ?
3. Lis la phrase suivante en faisant les liaisons indiquées.
   - Il s'intéresse aussi aux chèvres, aux chevaux, aux‿éléphants, aux‿ours, aux lions.
4. Comment se prononce la liaison entre la lettre **x** et les voyelles qui suivent ?

Je donne mon avis

1. Qu'y a-t-il de drôle dans ce que dit le fils du jardinier au mandarin ?
2. Qu'est-ce que le mandarin peut trouver de si extraordinaire à son chat ?

J'écris
- Mets-toi à la place du mandarin et explique pourquoi il aime tant son chat : « Ce chat est extraordinaire parce que … »

Thème 1 – Les animaux !

Les sons

Le son [e]
(é, er, es, ez)

Je reconnais le son

Monsieur le mandarin comprit sa vanité. Désormais, il appela cet animal dont il était si fier du plus beau nom qu'il pût lui décerner : « Chat ».

Madeleine Riffaud, *Le Chat si extraordinaire.*

1. Lis cet extrait à voix haute. Combien de fois entends-tu le son [e] ?
2. Dans quels mots ?
3. Recopie les mots dans lesquels la lettre **e** ne se prononce pas [e].

Je cherche des mots avec le son

1. Trouve les noms des arbres ou arbustes qui portent ces fruits.
   les fraises – les bananes – les prunes – les framboises – les groseilles – les figues
2. Trouve d'autres noms d'arbres fruitiers ou de plantes. Que remarques-tu ?

J'entends le son

1. Recopie ce tableau et classe les mots suivants.
   se promener – la mer – le bébé – la veste – une allée – un lézard – février – la leçon – une étoile – le soleil – la perle – le vélo – et

Je n'entends pas le son [e]	J'entends le son [e]

2. Lis chaque liste de mots et trouve l'intrus.

l'été	le clocher	le nez	le bébé	la fée
la terre	le rocher	assez	le fermier	le reste
la télévision	le hochet	chez	la sorcière	le mélange
le thé	le panier	très	les	la météo

J'écris le son

1. Recopie ces mots et ajoute l'accent aigu sur la lettre **e** quand il le faut.
   l'elephant – la cle – la puree – la poupee – le marche – la bonte – l'ecureuil – l'equerre
2. Épelle et recopie ces mots.
   le déjeuner – le marché – l'école – aller – manger – premier – assez – chez – des

JE RETIENS
- Le son [e] s'écrit souvent **é** (**e** accent aigu) : un **é**léphant.
- Quand il est à la fin d'un mot, il peut aussi s'écrire :
  er → mang**er**   **es** → d**es**   **ez** → vous mang**ez**

br, cr, vr, gr, bl...

J'observe

Un peu plus tard, un étudiant qui travaillait chez le mandarin fit remarquer respectueusement au seigneur qu'il est un être capable de vaincre le mur : la souris qui y perce son trou.

Madeleine Riffaud, *Le Chat si extraordinaire*.

1. Lis cet extrait. Observe les lettres en couleur. Combien de lettres se suivent à chaque fois ?
2. Sont-elles à l'intérieur d'une même syllabe ?
3. Ces lettres sont-elles des consonnes ou des voyelles ?

Je cherche des mots avec br, cr, vr, gr, bl...

1. Cherche des noms d'animaux qui contiennent les groupes de consonnes **cr**, **gr**, **vr**, **br** ou **bl**.
2. Trouve les noms des deux mois de l'année qui s'écrivent avec **vr**, puis quatre autres qui contiennent **br**.

J'entends br, cr, vr, gr, bl...

1. Lis chaque liste de mots et trouve l'intrus.

une glace	une place	la brasse	la classe	trouble	gris
un angle	un poulpe	la chambre	l'écluse	le sable	une grive
une algue	un pli	l'ambre	la chasse	le bulbe	agile
un aigle	un couple	l'herbe	claire	la table	une grille

2. Lis à voix haute chaque série et ajoute un mot qui contient le groupe de consonnes en couleur.
   - le prix – le printemps – propre – ...
   - la craie – le cric – le sucre – ...
   - une grappe – la grippe – grignoter – ...
   - frais – froid – le frein – ...
   - la branche – l'arbre – l'ombre – ...
   - bleu – ressembler – une fable – ...

J'écris br, cr, vr, gr, bl...

1. Recopie et ajoute une consonne pour trouver un nouveau mot.
   - la vente → le v...
   - gaver → ...
   - sucer → ...
   - le bas → le ...
   - le bond → le ...
   - le banc → b...

2. Recopie et complète ces mots avec deux consonnes qui se suivent.
   un li...e – une ...êpe – une fenê...e – une ...avate – un o...e – une ...anche – la ...otte – ou...ir – des ...iffes – ...ûler

3. Épelle et recopie ces mots.
   très – trop – triste – autre – plus – près – propre – vrai – apprendre – comprendre

JE RETIENS

- Plusieurs consonnes peuvent se suivre dans un mot. Elles sont parfois **difficiles à prononcer et à écrire**.

  Le **cr**ocodile **gr**ignote **tr**anquillement des **gr**enouilles au **cl**air de lune.

Documentaire

Comment t'occuper

Tes parents viennent de t'offrir un hamster et tu es tout content ! Mais sais-tu comment en prendre soin ? Voici quelques informations pour t'aider à bien t'en occuper...

Comment installer et nettoyer sa cage ?

Choisis un lieu calme et aéré où installer sa cage.
Tous les soirs :
- nettoie son bol et remplis-le d'eau fraîche ;
- enlève les saletés et la nourriture qu'il n'a pas mangée ;
- mets de la litière sèche.

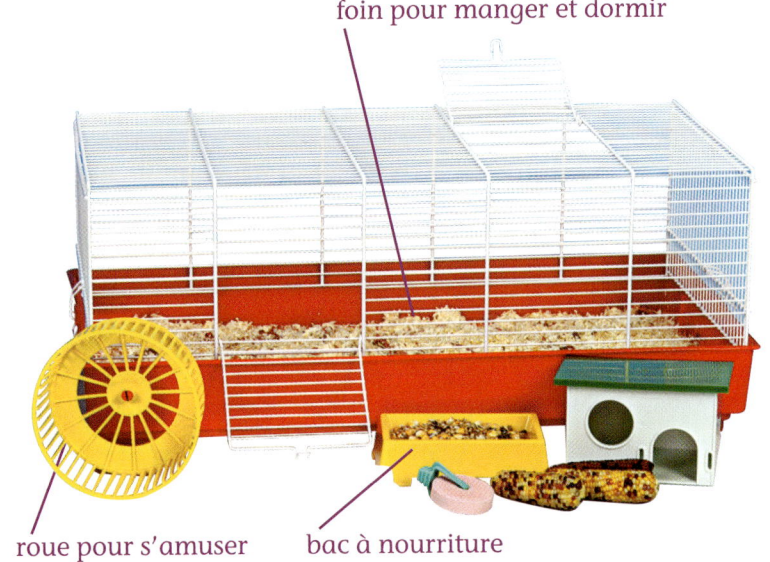

foin pour manger et dormir
roue pour s'amuser
bac à nourriture

Une cage de hamster.

Un hamster dans la main d'un enfant.

Comment l'apprivoiser ?

Au début, ton hamster aura peur de tout et de tout le monde :
- parle-lui doucement ;
- donne-lui à manger dans ta main ;
- laisse-le te renifler avant de le prendre.

J'observe
1. Quel est le titre de ce documentaire ?
2. Combien vois-tu de photographies ? Décris-les.
3. À quoi servent les phrases écrites en couleur ?
4. Combien y en a-t-il ?

Je comprends
1. Que mange un hamster ?
2. Quand faut-il changer sa litière ?
3. Pourquoi faut-il lui donner une petite branche ?
4. Que dois-tu faire pour qu'il s'habitue à toi ?

de ton hamster ?

Comment le nourrir ?

Donne-lui une nourriture spéciale pour hamsters. Tu peux aussi lui donner des légumes et des fruits frais : il adore ça ! Chaque matin, jette les aliments qui n'ont pas été mangés.

Un hamster doré.

Un hamster qui ronge un morceau de bois.

Comment user ses dents ?

Les dents d'un hamster n'arrêtent jamais de pousser, ce qui peut être dangereux pour lui. Pour l'aider à user ses dents, donne-lui une petite branche à ronger !

Je découvre des mots

1. Relève tout ce qu'il faut faire pour apprivoiser un hamster.
2. Explique le mot **apprivoiser**.
3. Le hamster est un animal domestique. En connais-tu d'autres ?
4. Quels sont les animaux qu'il est très difficile d'apprivoiser ? Comment les appelle-t-on ?

Je donne mon avis

1. Aimerais-tu avoir un animal chez toi ? Pourquoi ?
2. Est-ce compliqué de s'occuper d'un animal ?

Thème 1 – Les animaux !

Bande dessinée

Surprise !

© Studio Boule & Bill – Laurent Verron d'après Jean Roba – 2007.

Je comprends

1. Le petit garçon s'appelle Boule. Qui est l'homme qui est avec lui ? Comment le sais-tu ?
2. Où Boule voit-il une grenouille ?
3. Que décide le papa ?
4. Que se passe-t-il le lendemain matin ?
5. Qui est Gaspard ?
6. Pourquoi se retrouve-t-il dans cette mare ?
7. À quoi vois-tu que le papa de Boule a peur ?
8. Gaspard est-il dangereux ? Pourquoi ?

Je découvre les mots du texte

1. Cherche la définition du mot **végétarien**. À quels autres mots te fait-il penser ?
2. Les crocodiles sont-ils végétariens ? Cherche ce qu'ils mangent et fais une phrase pour l'expliquer.
3. Connais-tu des animaux qui sont végétariens ? Lesquels ?
4. Relis la vignette 2. Explique ce que veut dire le mot **assécher**. Trouve un mot pour dire le contraire.

J'observe les phrases du texte

1. Dans quoi sont écrites les phrases que disent les personnages ?
2. Dans la dernière vignette, la tortue parle-t-elle vraiment ? À quoi le vois-tu ?
3. Observe la vignette 7. Que remarques-tu ?

Une bande dessinée est constituée de vignettes qui se lisent **de gauche à droite**. Les paroles ou les pensées des personnages sont écrites dans des **bulles**.

Je m'exerce à lire et à dire à voix haute

- À deux, lisez les vignettes 2 et 3 : l'un joue le papa et l'autre l'enfant. Cherchez comment bien marquer la différence de ton entre les deux personnages.

Je donne mon avis

- Relis le titre de la planche de B.D. Que penses-tu de la fin de l'histoire ? Est-ce une bonne ou une mauvaise surprise ? Pourquoi ?

J'écris

- Imagine une autre fin pour cette histoire : dessine une ou deux vignettes et écris les paroles dans des bulles.

Thème 1 – Les animaux !

Récit

Escargot et tortue, tortue et escargot

Un jeune escargot qui partait en vacances rencontra en chemin une vieille tortue qui admirait le paysage. C'était la première fois que l'escargot voyait une tortue et il fut très surpris en découvrant que les escargots n'étaient pas les seuls animaux à transporter leur habitation sur leur dos. Seulement, cette vieille tortue lui parut très grosse et très laide. Il ne se gêna pas pour le lui dire. La tortue, furieuse, grimpa sur un rocher, sauta sur l'escargot et l'écrasa. Sous sa carapace.

Très loin de là, une jeune tortue qui partait en vacances rencontra en chemin un vieil escargot qui admirait le paysage. C'était la première fois que la tortue voyait un escargot et elle fut très surprise en découvrant que les tortues n'étaient pas les seuls animaux à transporter leur habitation sur leur dos. Seulement, ce vieil escargot lui parut très petit et très laid. Elle ne se gêna pas pour le lui dire. L'escargot, furieux, grimpa sur un rocher, sauta sur la tortue et s'écrasa. Sur sa carapace.

Bernard Friot, *Histoires pressées*, coll. « Milan Poche Junior », © 2007 Éditions Milan.

une carapace : une enveloppe très dure qui protège le corps des tortues.

Je comprends

1. Qui sont les animaux de cette histoire ?
2. Observe-les sur l'illustration. Qu'ont-ils en commun ?
3. Pourquoi l'escargot est-il surpris ?
4. Pourquoi la tortue est-elle en colère ? Que fait-elle pour se venger ?
5. Relis les trois premières phrases des lignes 1 à 6 et 8 à 13. Que remarques-tu ?
6. Relis les deux dernières phrases du texte. Qu'arrive-t-il à l'escargot ?

Je découvre les mots du texte

1. Relis la définition du mot **carapace**. À quoi sert-elle ?
2. La **maison de l'escargot** est une coquille. Quels animaux qui vivent dans la mer ont aussi une coquille ? À quoi leur sert-elle ?
3. Quels animaux naissent en brisant leur coquille ?
4. Dans cette histoire, qu'est-ce qui est le plus solide : la carapace ou la coquille ?

J'observe les phrases du texte

1. Quel animal est le personnage principal dans la première partie de l'histoire ?
2. Quel animal est le personnage principal dans la seconde partie de l'histoire ?
3. À ton avis, pourquoi le texte est-il divisé en deux parties ?
4. Pourquoi est-on allé à la ligne après le mot **carapace** (ligne 7) ?

Un texte est souvent découpé en plusieurs **paragraphes**. Chaque paragraphe correspond à **une partie de l'histoire**. On va à la ligne à la fin de chaque paragraphe.

Je m'exerce à lire et à dire à voix haute

1. Retrouve la phrase suivante dans le premier paragraphe. Qui pense cela ?
   - Seulement, cette vieille tortue lui parut très grosse et très laide.
2. Trouve sur quel ton l'animal a pu dire cela à la tortue.
3. Mets-toi à la place de la tortue : qu'a-t-elle pu répondre à l'escargot ?

Je donne mon avis

1. L'escargot s'est-il rendu compte qu'il était le moins fort ? Que penses-tu de lui ?
2. Doit-on toujours dire ce qu'on pense ?

J'écris
- Imagine, puis écris comment l'escargot aurait pu éviter de se faire écraser par la tortue.

Thème 1 – Les animaux !

Vocabulaire

L'ordre alphabétique

J'observe

a b c d e f g h i j k l m
n o p q r s t u v w x y z

a b c d e f g h i j k l m
n o p q r s t u v w x y z

1. Lis l'alphabet. Combien y a-t-il de lettres ?
2. Combien comptes-tu de voyelles ?
3. Quelle est la lettre qui vient juste après le **r** ? juste avant le **x** ?

Je m'exerce

1. Recopie et complète avec les lettres qui manquent.
   - i … k
   - f … h
   - x … z
   - a … c
   - p … r
   - u … w
   - r … t
   - m … o
   - c … e

2. Trouve l'intrus dans chaque suite de lettres.
   - d – e – f – t – g – h – i
   - r – s – t – u – v – a – w
   - l – m – n – o – p – q – b
   - h – k – l – m – n – o – p

3. Range les mots suivants dans l'ordre alphabétique. Quelles lettres dois-tu regarder ?
   - manger – avaler – dévorer – croquer – grignoter – engloutir
   - cravate – cabane – chapeau – cerceau – cube – couteau

4. Trouve l'intrus dans chacune de ces listes.

une calèche	le gage	un éléphant	la nacre	une salle
un carrosse	le grelot	une écaille	une nage	un sage
une clé	le galop	une école	une noce	un savon
une carte	le garage	un écart	une nappe	un sol

5. Dans chaque série, le mot en couleur n'est pas rangé dans l'ordre alphabétique. Retrouve sa place.
   - **or** – oiseau – olive – opéra – os – ou
   - **trop** – trappe – très – triste – truite
   - **qui** – que – quelle – quelque – quoi
   - **sucrer** – saler – sauter – seller – situer
   - **joli** – jambe – joie – jour – jupe
   - **fou** – faible – fin – fort – froid
   - **patte** – pantalon – paréo – pâte – patron
   - **vrai** – vallée – vélo – ville – vol – vue

JE RETIENS

- **L'alphabet** est l'ensemble des **26 lettres** utilisées pour écrire. Ces lettres sont toujours rangées dans le même ordre : **l'ordre alphabétique**.
- Dans un dictionnaire, les mots sont rangés dans l'ordre alphabétique.

Projet d'écriture

Écrire un pense-bête

J'observe

1. Lis ce document. À quoi sert-il ?
2. De quoi s'agit-il ?
3. À quoi servent les mots en bleu ?
4. Qu'y a-t-il au début de chaque ligne ? À quoi cela sert-il ?

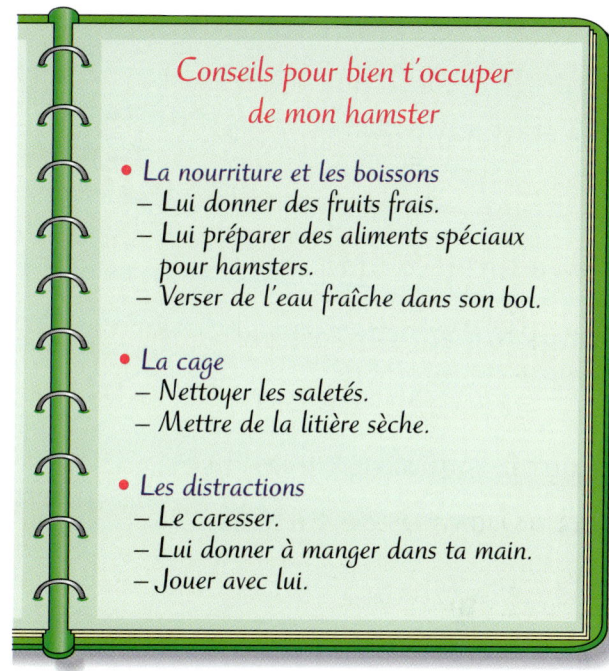

Conseils pour bien t'occuper de mon hamster

- *La nourriture et les boissons*
  - Lui donner des fruits frais.
  - Lui préparer des aliments spéciaux pour hamsters.
  - Verser de l'eau fraîche dans son bol.

- *La cage*
  - Nettoyer les saletés.
  - Mettre de la litière sèche.

- *Les distractions*
  - Le caresser.
  - Lui donner à manger dans ta main.
  - Jouer avec lui.

J'écris un pense-bête

- Tu confies ton chien ou ton chat à un ami pour quelques jours. Écris la liste de tout ce qu'il doit faire pour bien s'en occuper.

Des outils pour mieux écrire

- **Fais la liste des aliments qu'un chien ou un chat peut manger :**
  la viande – les croquettes – la pâtée pour chien – le poisson…

- **Dis où ton animal dort :**
  dans une niche – sur une couverture – sur un coussin…

- **N'oublie pas les objets pour l'amuser ou le sortir :**
  une balle – une laisse – un os…

À mon tour d'écrire !

✓ Choisis les mots sous lesquels tu vas classer les actions à faire.

✓ Écris-les dans une couleur différente.

✓ Pense à aller à la ligne après chaque action.

✓ N'oublie pas de mettre un tiret avant chaque mot.

✓ Vérifie que tu n'as rien oublié !

Ajoute une phrase pour que ton ami soit gentil avec ton animal !

Thème 1 – Les animaux !

Poésie

La girafe a-t-elle bu ?

La girafe a-t-elle bu,
Trop dormi ou trop couru ?

Elle titube, elle tangue,
Elle va tirant la langue.

Comme un épi sur sa tige,
C'est le vent qui la dirige.

La girafe – quoi qu'on en dise –
N'a pas commis de sottises.

Mais de la tête aux sabots,
Trop vite, elle a grandi trop,

Et depuis, long cou oblige,
La girafe a le vertige.

Pierre Coran, *Jaffabules*,
© Le Livre de Poche Jeunesse, 2003.

Le hibou et l'hirondelle

– Moi, dit le hibou
à l'hirondelle,
j'ai un beau jabot,
des gants élégants.
Je suis un monsieur
tout à fait sérieux.
Je suis important.

– Moi, dit l'hirondelle
qui file à tire d'aile
(tu ne la vois pas,
elle est sur le toit)
moi, dit l'hirondelle,
je vole et je vais
là où il me plaît.
Je suis bien contente
et c'est beaucoup mieux.

Claude Roy, *Enfantasques*,
© Éditions Gallimard.

Jouer, manger, bouger !

MAXI DÉBAT

Que faut-il faire pour être en forme ?

Récit	« Docteur Pirouette », Corinne Albaut	pp. 30 à 35
Documentaire	Faire du sport, ça fait du bien !	pp. 38-39
Affiche	La santé vient en mangeant et en bougeant !	pp. 40-41
Récit	« Le dîner de Zoé », Pascal Garnier	pp. 42-43
Poésie	« Les Confitures », Andrée Chédid et « Ronde », Pierre Béarn	p. 46

Récit

Docteur Pirouette (1)

Lucie a toujours mal quelque part.

Le matin, quand sa maman la réveille avec des bisous, Lucie fait la moue :

– Attention, j'ai mal à mon cou !

5   Le soir, quand son papa vient lui faire un câlin, Lucie se plaint :

– Attention, j'ai mal à la main !

Pendant les vacances, quand sa mamie lui apporte son petit déjeuner au lit, Lucie gémit :

– Oh là là, j'ai mal dormi !

10 Tout le monde en a assez de l'entendre pleurnicher.

Aujourd'hui, sa maman a décidé de prendre un abonnement de docteur-téléphone pour qu'elle aille se plaindre ailleurs. Elle montre à Lucie comment faire le numéro du docteur Pirouette, pour lui raconter ses malheurs.

15 – Tu vas l'apprendre par cœur et, quand ça n'ira pas, tu l'appelleras !

Ce que Lucie ne sait pas, c'est que le docteur Pirouette est son oncle Farceur, celui qui adore s'amuser et faire des

20 blagues.

Corinne Albaut, *Docteur Pirouette*, histoire inédite.

gémir : pousser des petits cris pour se plaindre.

Je comprends
1. Qui est Lucie ?
2. De quoi se plaint-elle ?
3. Pourquoi ses parents en ont-ils assez ?
4. Qu'est-ce qu'un **abonnement de docteur-téléphone** ?
5. Pourquoi la maman de Lucie a-t-elle décidé de prendre cet abonnement ?
6. Qui est en réalité le docteur Pirouette ?

Je découvre les mots du texte
1. Relève tous les mots qui montrent que Lucie n'est jamais contente.
2. Relis la deuxième phrase du texte. **Faire la moue**, cela signifie qu'on montre qu'on n'est pas content, qu'on s'ennuie. Trouve une autre expression pour dire la même chose.
3. Relis l'explication du mot **gémir**. Fais une phrase en utilisant ce verbe.

J'observe les phrases du texte
1. Retrouve et recopie les trois phrases que dit Lucie pour se plaindre.
2. Par quel signe se terminent-elles toutes les trois ?
3. Pourquoi l'auteur n'a-t-il pas simplement mis un point ?

La phrase exclamative sert à exprimer des émotions ou des sentiments (la colère, l'étonnement, la joie…). Elle se termine par un point d'exclamation : **!** .

Attention, j'ai mal au cou !

Je m'exerce à lire et à dire à voix haute
1. Lis les trois phrases exclamatives que dit Lucie. Que fait la voix quand tu lis ces phrases ?
2. Cherchez ensemble toutes les façons de dire les phrases suivantes.
   - Aïe aïe aïe, j'ai mal !
   - Je suis très contente de te voir !
   - Quel dommage !
   - Tu es méchant !

Je donne mon avis
1. Que penses-tu de Lucie ?
2. Un abonnement de docteur-téléphone te semble-t-il utile pour elle ? et pour toi ?

J'écris
- Écris une phrase exclamative pour te plaindre comme Lucie.

Récit

Docteur Pirouette (2)

Lucie veut tout de suite essayer. Elle fait le numéro. Ça sonne… On décroche :
– Allô, allô ! C'est le docteur Pirouette. Y a-t-il un malade au bout du fil ?
5 – Oui, dit Lucie d'une petite voix. J'ai mal… euh… j'ai mal aux cheveux. Ils sont piqués sur ma tête comme des allumettes !
– Pour les cheveux, j'ai un excellent
10 remède : je ne connais rien de mieux que les grimaces devant la glace ! Il faut en faire dix de suite pour que ce soit efficace.
Lucie se regarde dans le miroir et se
15 met à faire des grimaces de plus en plus drôles. Ça la fait rire si fort, qu'elle finit par en oublier ses cheveux.

Le lendemain, Lucie se plaint d'avoir mal au ventre.
– Allô ! Docteur Pirouette, j'ai des fourchettes qui picotent dans mon
20 ventre !
– Ah ! Ah ! Pour les fourchettes, rien ne vaut les galipettes !
Lucie se met à faire des galipettes sur le tapis. Elle ne pense plus aux picotis.

Le jour suivant, elle ressent des choses bizarres dans les doigts.
25 – Allô ! Docteur Pirouette, j'ai des papillons dans les doigts. Ils s'agitent, ils papillotent, ils font n'importe quoi.
– Pour les papillons, je sais ce qui est bon : tu vas croiser les mains et faire bouger tes doigts très très vite en répétant « Hop hop hop, papillons, envolez-vous donc ! ».
30 Lucie trouve cela rigolo. Ça l'amuse beaucoup de faire voler les papillons.

Corinne Albaut, *Docteur Pirouette*, histoire inédite.

un **remède** : un médicament.

Je comprends

1. De quoi Lucie se plaint-elle lorsqu'elle appelle le docteur Pirouette pour la première fois ?
2. Quel remède lui propose-t-il ?
3. Est-ce efficace ?
4. Où Lucie a-t-elle mal le lendemain ?
5. Quel remède le docteur lui donne-t-il ?
6. Retrouve la phrase qui prouve qu'elle est guérie.
7. Dans la phrase suivante, que veut dire Lucie ?
   - Allô ! Docteur Pirouette, j'ai des papillons dans les doigts.

Je découvre les mots du texte

1. Retrouve dans le texte tous les mots qui montrent que Lucie s'amuse.
2. À quels mots le mot **rigolo** te fait-il penser ? Utilise ce mot pour faire une phrase.
3. Trouve d'autres mots et expressions pour dire que quelque chose est amusant.

J'observe les phrases du texte

1. Trouve une phrase exclamative dite par Lucie et une autre dite par le docteur.
2. Retrouve la phrase suivante dans le texte. Qui parle ? Qui répond ?
   - Y a-t-il un malade au bout du fil ?
3. Qu'observes-tu à la fin de cette phrase ? À quoi ce signe de ponctuation sert-il ?

La phrase interrogative sert à poser une question. Elle se termine par un point d'interrogation : **?**.

Où as-tu mal **?**

Je m'exerce à lire et à dire à voix haute

1. À deux, lisez à voix haute la question du docteur Pirouette (ligne 4) et la réponse de Lucie.
2. Observez si la voix monte ou descend à la fin de chaque phrase.
3. Imaginez d'autres questions que peut poser le docteur. Dites-les à voix haute.

Je donne mon avis

1. Que penses-tu des remèdes que donne le docteur Pirouette ?
2. À ton avis, pourquoi ce docteur s'appelle-t-il **Pirouette** ?

J'écris
- Imagine et écris une question posée par le docteur et la réponse de Lucie.

Les sons

Le son [ɔ̃]
(on, om)

Je reconnais le son

Maintenant, ils sont deux à faire des grimaces, des galipettes, des papillons, et on les entend rire dans toute la maison.

Corinne Albaut, *Docteur Pirouette*, histoire inédite.

1. Lis cette phrase à voix haute. Combien de fois entends-tu le son [ɔ̃] ?
2. Dans quels mots ?

Je cherche des mots avec le son

1. Cherche tous les noms d'animaux que tu connais qui contiennent le son [ɔ̃].
2. Comment s'appellent les petits du chat, de l'âne, de l'ours, du rat ?

J'entends le son

1. Recopie uniquement les mots dans lesquels tu entends le son [ɔ̃].

   la pomme – le nom – nommer – la somme – le tome – raconter – comme – pardonner – le pardon – se promener

2. Lis chaque liste de mots et trouve l'intrus. Explique ton choix.

mon	un menton	blond	une pompe	un pont	compter
long	un marron	loin	un plombier	un pain	conter
lent	un manteau	bon	un pommier	un pion	coincer
rond	un mouton	non	un nombre	un plomb	contrer

J'écris le son

1. Recopie ce tableau et classe les mots suivants.

   une trompette – compter – un conte – un trombone – un concombre – un nombre – un monstre – le plafond – longtemps – une montre – sombre

Je vois **on**	Je vois **om**

2. Recopie les mots de la colonne « Je vois **om** » (exercice 1) et colorie la lettre qui vient après le **m**. Quelles lettres as-tu coloriées ?

3. Épelle et recopie ces mots.
   mon – ton – son – non – donc – contre – long – rond – bon – un pont – le nombre

JE RETIENS

Le son [ɔ̃] s'écrit **on** : un papill**on**.

Attention !

Devant un **b** ou un **p**, il s'écrit **om** : le n**om**bre – c**om**pter.

Le son [ɛ̃]
(ain, aim, ein, en, in, im)

Je reconnais le son

Le soir, quand son papa vient lui faire un câlin, Lucie se plaint :
– Attention, j'ai mal à la main !

Corinne Albaut, *Docteur Pirouette*, histoire inédite.

1. Lis cette phrase. Combien de fois entends-tu le son [ɛ̃] ?
2. Dans quels mots ?

Je cherche des mots avec le son

1. Compte de 20 à 30. Combien de fois entends-tu le son [ɛ̃] ?

2. Pour chaque mot, trouve le mot qui veut dire le contraire et qui contient le son [ɛ̃].
   correct – parfait – poli – volontaire – fini – patient

J'entends le son

1. Construis un tableau à deux colonnes (**J'entends le son [ɛ̃]** et **Je n'entends pas le son [ɛ̃]**) et classe les mots suivants.
   éteindre – manger – peindre – du pain – un pont – un rein – quand – long – malin – un daim

2. Lis chaque liste de mots et trouve l'intrus. Explique ton choix.

un nain	fin	un chien	éteindre	une imprudence	intense
un bain	le lin	un client	étendre	une impasse	inerte
une traîne	le satin	un bien	plaindre	immense	incapable
un train	fine	un lien	teindre	impuissant	incorrect

J'écris le son

1. Recopie ce tableau et classe les mots suivants.
   un requin – un copain – le peintre – un daim – une main – la faim – un patin – un frein – impossible – un insecte – un imprimeur – Internet – un imbécile

Je vois **in**	Je vois **im**	Je vois **ain**	Je vois **aim**	Je vois **ein**

2. Regarde les mots de la deuxième colonne du tableau de l'**exercice 1**. Quand le son [ɛ̃] s'écrit **im**, quelles lettres viennent après le **m** ?

3. Épelle et recopie ces mots.
   imprudent – mince – fin – un chemin – moins – plein – demain – la faim – le chien

JE RETIENS

Le son [ɛ̃] peut s'écrire :

in → un câl**in**   **im** (devant **m**, **p** ou **b**) → **im**portant   **ain** → une m**ain**

ein → un fr**ein**   **aim** → la f**aim**   **en** (après **i**) → un chi**en**

Thème 2 – Jouer, manger, bouger !

Documentaire

Faire du sport,

Pour être en bonne santé, il est important de faire régulièrement du sport. Et en plus, c'est amusant !

Dépenser de l'énergie

Manger donne de l'énergie. Quand tu fais du sport, tu dépenses cette énergie. Cela permet aussi de faire travailler tes muscles : ils se renforcent et deviennent plus souples.

À la piscine.

Mieux respirer

Lorsque tu fais du sport, tu inspires de grandes quantités d'air qui entrent dans tes poumons et passent ensuite dans ton sang.

Sur le terrain de football.

J'observe
1. Quel est le titre de ce documentaire ? Où est-il écrit ?
2. Combien vois-tu de photographies ? Que représentent-elles ?
3. Lis les textes en couleur. Où sont-ils placés ? À quoi servent-ils ?
4. Que représente le schéma page 39 ?

Je comprends
1. Comment les muscles deviennent-ils lorsqu'ils travaillent ?
2. Que devient l'air que tu inspires ?
3. Pourquoi le cœur se muscle-t-il quand tu fais du sport ?
4. Pourquoi est-il important de faire du sport régulièrement ?

ça fait du bien !

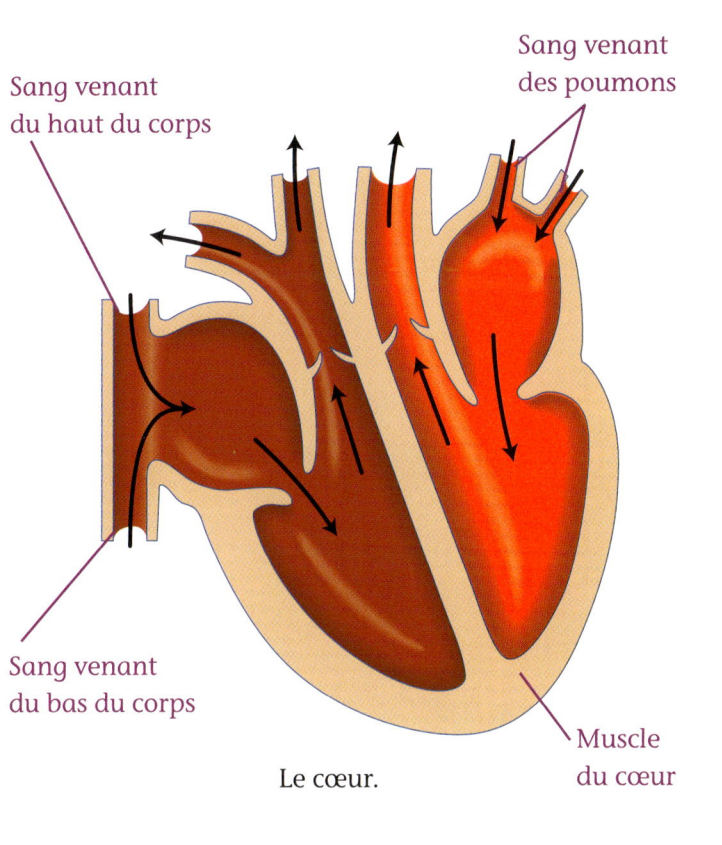

Sang venant du haut du corps

Sang venant des poumons

Sang venant du bas du corps

Muscle du cœur

Le cœur.

Muscler son cœur

Le cœur est un muscle qui travaille davantage quand tu fais du sport car il doit apporter plus de sang aux autres muscles.

S'amuser !

Le sport est aussi fait pour s'amuser, se détendre et passer des bons moments, seul ou avec ses amis.

À rollers.

Je découvre les mots

1. Cite les sports qui sont illustrés. En connais-tu d'autres ? Lesquels ?
2. Fais une phrase pour expliquer précisément ce que font les enfants sur ces photographies.
3. À quel(s) mot(s) te fait penser le mot **inspirer** ?
4. Explique l'expression **inspirer de l'air**.

Je donne mon avis

1. Aimes-tu faire du sport ? Pourquoi ?
2. Parmi les sports que tu connais, lequel préfères-tu ? Pourquoi ?

Thème 2 – Jouer, manger, bouger !

Affiche

© INPES, www.inpes.sante.fr

Je comprends

1. Lis le titre de cette affiche. De quoi parle-t-elle ?
2. Observe la façon dont sont disposées les différentes cases.
   À quel jeu cela te fait-il penser ?
3. Que représentent les dessins sur les côtés ?
4. Pour qui cette affiche a-t-elle été faite ?
   À quoi le vois-tu ?
5. Quels sont les conseils qui te sont donnés pour rester en bonne santé ?

Je découvre les mots de l'affiche

1. Retrouve tous les noms des légumes et des fruits que tu vois.
2. Quels aliments fabriqués avec du lait sont représentés ?
   Comment les appelle-t-on ?
3. Cite des aliments sucrés et gras (aide-toi des dessins).
4. À quels jeux les enfants dessinés s'amusent-ils ?

J'observe les phrases de l'affiche

1. Relis le titre de l'affiche.
   Que vois-tu à la fin de la phrase ?
   Pourquoi ?
2. Écris un autre titre sur le modèle de celui de l'affiche.

> Le titre d'une affiche se termine souvent par un point d'exclamation.
>
> La santé vient en mangeant et en bougeant !

Je m'exerce à lire et à dire à voix haute

1. Redis clairement les recommandations de cette affiche : fais une phrase pour chaque conseil.
   Tu peux t'aider des expressions suivantes :
   - Pour être en bonne santé, il faut… / il ne faut pas… / il vaut mieux… /
     il est nécessaire de… / il est indispensable de… .

Je donne mon avis

1. Le menu de ton restaurant scolaire est-il en accord avec les conseils donnés dans cette affiche ?
2. Respectes-tu les recommandations alimentaires de cette affiche ?

J'écris
- En suivant les conseils de l'affiche, écris la liste des fruits et légumes que tu aimerais consommer demain.

Thème 2 – Jouer, manger, bouger !

Récit

Le dîner de Zoé

Les parents de Zoé sont sortis, et c'est Josie, la baby-sitter, qui la garde.

Josie n'est pas méchante méchante, mais elle n'est pas rigolote, rigolote.
– Et voilà les pâtes !

5 Beuark ! On dirait de grosses chenilles blanches toutes collantes ! Quant au jambon, il est plein de gras, évidemment. Josie n'a pas l'air de s'en apercevoir, elle avale sans regarder en lisant une revue médicale.
10 – Josie, je peux manger devant la télé ?
– Tût, tût, tût ! Pas question, c'est très mauvais pour la digestion et puis ça met des miettes partout.
– Tu manges bien en lisant, toi !
15 – D'abord, je ne lis pas, j'étudie. Et puis, justement, c'est un article sur la digestion. Allez, finis ton assiette.
– J'ai pas faim. Je voudrais un yaourt.
– Bon, vas-y... Mais... mais qu'est-ce que tu fais ?
– Ben, je mets de la confiture et du sucre dedans !
20 – Malheureuse ! mais c'est un véritable poison ! Tout ce sucre va te ronger les dents, elles vont tomber une par une ! Tût, tût, tût, jette-moi tout ça à la poubelle, et va te brosser les dents immédiatement !
– Mais j'ai encore rien mangé !
– Tût, tût, tût ! Fais ce que je te dis !

25 Dans la salle de bains, Zoé fait couler l'eau en mâchouillant une pointe de dentifrice. « Poison, poison, c'est elle, le poison ! Elle me casse les pieds, cette grande saucisse avec ses tût, tût, tût ! Me laverai pas les dents, na ! »

Pascal Garnier, *Zoé zappe*, coll. « Nathan Poche 6-8 ans »,
© Éditions Nathan (Paris-France), 1990.

la digestion : la transformation des aliments dans l'estomac et l'intestin.

Je comprends

1. Qui sont les deux personnages de cette histoire ? Comment s'appellent-ils ?
2. Que va manger Zoé ?
3. À quoi Zoé compare-t-elle les pâtes ? Ont-elles l'air bonnes ?
4. Pourquoi Josie ne veut-elle pas que Zoé mette de la confiture et du sucre dans son yaourt ?
5. Que pense Zoé de Josie ? Retrouve les expressions qu'elle utilise pour parler d'elle.

Je découvre les mots du texte

1. Relis la définition du mot **digestion**. Qui prononce la phrase suivante ?
   - C'est très mauvais pour la digestion.
2. Quand a-t-on une **indigestion** ? Fais une phrase avec ce mot.

J'observe les phrases du texte

1. Observe comment parle Zoé :
   - J'ai pas faim.
   - J'ai encore rien mangé.
2. Observe comment parle Josie :
   - Je ne lis pas.
3. Qu'a oublié Zoé dans ses phrases ? Redis-les correctement.
4. Lis les phrases suivantes.
   - J'ai faim.   • J'ai déjà mangé.

   Quelles différences y a-t-il avec les phrases de Zoé ?

> Une phrase peut être à **la forme affirmative** ou à **la forme négative**.
>
> J'ai faim. (affirmative)
>
> Je n'ai pas faim. (négative)

Je m'exerce à lire et à dire à voix haute

1. Dans les phrases suivantes, où fais-tu une pause dans ta lecture ? Pourquoi ?
   - J'ai pas faim. Je voudrais un yaourt.
   - Bon, vas-y. Mais... mais qu'est-ce que tu fais ?
2. À deux, lisez un autre passage du texte où Josie et Zoé discutent. Respectez la ponctuation et montrez que Zoé et Josie ne sont vraiment pas d'accord.

Je donne mon avis

1. Zoé a-t-elle raison de ne pas se laver les dents ? Pourquoi ?
2. Compare ce que mange Zoé avec l'affiche de la page 40. Que manque-t-il à son repas ?

J'écris
- Écris un menu équilibré pour Zoé (entrée, plat, dessert et boisson).

Vocabulaire

Les mots-étiquettes

J'observe

1. Observe les aliments dessinés dans la première case. Comment les appelle-t-on ?
2. Donne les noms de tous les aliments dessinés dans la case des « Fruits et légumes ».
3. Écris tous les noms de fruits et légumes que tu connais.

Je m'exerce

1. Classe les mots suivants en deux groupes. Quel titre peux-tu donner à chaque groupe ?

   une chaise – une robe – une veste – un pull – un lit – un fauteuil – un manteau – une chemise

2. Recopie et entoure le mot-étiquette dans chaque série.
   - les roses – les marguerites – les coquelicots – les fleurs – les tulipes – le lilas – le muguet – les violettes
   - La Belle au bois dormant – Le Petit Chaperon rouge – Boucle d'or – les contes – Les Trois Petits Cochons

3. Trouve l'intrus dans chaque liste de mots puis trouve le mot-étiquette pour chaque colonne.

rouge	le ski	les pâtes	six	le vent
vert	le roller	le pain	rose	le chien
violet	la mer	le fromage	quatre	le koala
vilain	le vélo	le livre	neuf	le singe

4. Recopie et complète avec le mot-étiquette qui convient.
   - Un violon, un piano, une flûte sont … .
   - L'hirondelle, la pie, le coucou sont … .
   - L'eau, le lait, le jus de fruits sont … .
   - Un marteau, un clou, une perceuse sont … .

5. Jouez à plusieurs : celui qui trouve le plus de mots pour compléter ce tableau a gagné.

Jouets	Pays	Villes

JE RETIENS

Les poires, les bananes, les fraises, les oranges sont des fruits.

Fruit est le **mot-étiquette**. Les mots-étiquettes servent à classer les mots.

Projet d'écriture

Créer une affiche

J'observe une affiche

1. Observe cette affiche. De quel événement parle-t-elle ?
2. Quel jour a lieu cet événement ?
3. Combien y a-t-il de sports prévus ?
4. Où a lieu le match de football ? À quelle heure ?
5. Que se passe-t-il au gymnase ?
6. Observe les textes de l'affiche. Qu'est-ce qui est écrit en gros caractères ? Pourquoi ?

SAMEDI 28 AVRIL

FÊTE DES SPORTS !

Venez nombreux pour encourager les sportifs !

14 heures : football
Stade Jean-Bouin

15 heures : gymnastique
Gymnase René-Rousseau

16 heures : course-relais
Stade Marcel-Cerdan

• •

Je crée une affiche

- À ton tour, fais une affiche pour inviter les parents à une fête organisée par ton école.

Des outils pour mieux écrire

- **Choisis les activités au programme :**
  un spectacle de théâtre, de danse, de chant – une exposition de dessins – une kermesse – un tournoi sportif…

- **Cherche des expressions pour donner envie aux parents de venir :**
  venez vous amuser – venez admirer vos enfants – venez encourager vos enfants – faisons la fête tous ensemble – soyez les bienvenus à l'école…

À mon tour d'écrire !

✓ Choisis ce que tu vas écrire en gros : le titre, la date, les horaires des différentes activités…

✓ Découpe dans un magazine une photo ou fais un dessin pour illustrer cette fête.

✓ Réfléchis à ta mise en page : où vas-tu écrire le titre ? dans quelle couleur ? comment vas-tu placer les textes et l'illustration ?

Quand tu as fini, montre ton affiche à ta classe !

Thème 2 – Jouer, manger, bouger !

Conte

Cache-Lune (1)

Cela va bientôt faire trois cents ans que Zamoléon exerce le métier de Cache-Lune. Cette profession très rare consiste chaque nuit à étendre un grand drap devant la Lune, pour cacher une partie de sa lumière.

C'est un travail très important car les croissants de Lune ainsi formés embellissent le ciel et **rythment le temps**. Il faut beaucoup d'énergie, d'adresse et de **savoir-faire** pour accomplir cette tâche, et les nuits de repos sont rares : ce sont les nuits de pleine Lune. Zamoléon a eu son diplôme de Cache-Lune il y a bien longtemps, il est le **dernier représentant** de cette profession et, aujourd'hui, il se sent totalement épuisé. Pour qu'il puisse enfin se coucher, quelqu'un doit venir le remplacer.

Sur Terre, alors que la nuit tombe, dans un bâtiment très mystérieux appelé École du Cosmos, un petit garçon saute de joie : c'est Timoléon qui vient de réussir le très difficile examen de Cache-Lune. Ses professeurs le regardent avec une grande fierté.

rythmer le temps : faire passer le temps de façon régulière.

un savoir-faire : une connaissance du travail.

le dernier représentant : le dernier à faire ce métier.

le temps nous est compté : il ne nous reste plus beaucoup de temps.

15 « Timoléon, te voici devenu quelqu'un de très important, lui disent-ils. Mais le temps nous est compté ! Le vieux Zamoléon est épuisé et tu dois cette nuit même aller le remplacer. »

Puis ils donnent à Timoléon un petit comprimé :

« Voici la pilule qui rend léger, comme l'air, elle te permettra de voler 20 jusqu'à la Lune, mais attention, nous n'en possédons qu'une ! »

Timoléon met la pilule dans sa poche et quitte l'École du Cosmos en courant. Au bout de deux kilomètres, il s'arrête net, et lève ses yeux vers le ciel.

« À moi la Lune ! » hurle-t-il en plongeant la main dans la poche de son 25 pantalon.

Mais il a beau remuer ses doigts, la pilule ne s'y trouve pas. Malheur ! Timoléon, paniqué, découvre que la poche de son pantalon d'écolier est trouée de tous côtés. La pilule qui rend léger comme l'air est à jamais perdue.

30 Et nos croissants de Lune ? Bientôt, il n'y en aura plus.

Conte

Timoléon, désespéré, rejoint la ville la plus proche. Il s'assoit sur une boîte aux lettres et regarde la Lune en soupirant. Gonzague de la Gazette, le petit marchand de journaux, l'aperçoit et s'approche de lui pour connaître la cause de son tracas. Timoléon lui explique :

35 « J'ai un énorme problème : je dois à tout prix aller sur la Lune et j'ai perdu la pilule qui rend léger comme l'air.
– Voilà une histoire bien insolite, rétorque Gonzague. Et pourquoi diable veux-tu aller sur la Lune ?
– Je suis le nouveau Cache-Lune, et je dois remplacer Zamoléon. Mais je
40 n'ai aucun moyen d'aller jusque là-haut.
– J'ai une idée ! » s'écrie Gonzague.

Il tire Timoléon par la manche de son veston, l'emmène sur le toit d'une maison, attrape ses journaux et confectionne un immense avion de papier. Timoléon grimpe dessus en hurlant :
45 « À moi la Lune ! »
Aussitôt, Gonzague pousse l'avion du haut du toit et le regarde s'envoler. Mais, rapidement, Timoléon et son coucou de papier piquent du nez…

Éric Puybaret (texte et illustrations), Cache-Lune, coll. « Albums »,
© 2002, Hachette Livre/Gautier-Languereau.

un tracas : un souci.

confectionner : fabriquer.

un coucou : un vieil avion.

Je comprends

1. Quel est le métier de Zamoléon ? Explique ce qu'il doit faire.
2. Pourquoi doit-on remplacer Zamoléon ?
3. Qui est Timoléon ? Pourquoi saute-t-il de joie au début de l'histoire ?
4. Que doit-il utiliser pour aller sur la Lune ?
5. Pourquoi est-il désespéré (ligne 31) ?
6. Qui rencontre-t-il ?
7. Que fabrique cette personne pour Timoléon ? Pourquoi ?

Je découvre les mots du texte

1. Dans la phrase suivante, quel mot t'indique que Gonzague parle ?
   - Voilà une histoire bien insolite, rétorque Gonzague.
2. Par quel autre mot peux-tu le remplacer ?
3. Trouve dans le texte d'autres mots qui indiquent que quelqu'un parle.
4. De quelle histoire parle Gonzague ? Pourquoi cette histoire est-elle **insolite** ? Explique ce mot.

J'observe les phrases du texte

1. Dans chacune des phrases suivantes, quel mot te permet de dire ce que font les professeurs ?
   - Ses professeurs le regardent avec une très grande fierté.
   - Puis ils donnent à Timoléon un petit comprimé.
2. Comment s'appelle ce mot ? À quoi sert-il ? Trouve d'autres mots du même type.

> - Dans une phrase, **le verbe** est le mot qui dit **ce que fait une personne ou un animal**.
>
> Le petit garçon **saute** de joie.
>
> - Pour trouver le verbe, je me demande : **« Que fait le petit garçon ? »** Il saute.

Je m'exerce à lire et à dire à voix haute

1. Relis ce que les professeurs disent à Timoléon ligne 15. Quel ton vont-ils employer ?
2. Relis maintenant ce que dit Timoléon à Gonzague ligne 35. Quel ton va-t-il employer ?
3. Entraîne-toi à dire ces phrases avec le ton qui convient.

Je donne mon avis

1. Que penses-tu du métier de Cache-Lune ?
2. Aimerais-tu vivre trois cents ans comme Zamoléon ?

J'écris

- Les professeurs donnent une pilule à Timoléon pour l'envoyer sur la Lune. Imagine un autre moyen de voyager et complète la phrase :
  « Voici …, mais attention, nous n'en possédons qu'un(e) ! »

Conte

Cache-Lune (2)

soucieux :
inquiet.

Gonzague et Timoléon sont assis sur le trottoir et regardent la Lune d'un air soucieux. Daphné, la marchande de jouets, les aperçoit et s'approche d'eux pour connaître la cause de leur tracas. Timoléon lui explique :
« Si je ne parviens pas à rejoindre la Lune avant le lever du jour, le vieux
5 Zamoléon ne sera pas remplacé. La Lune deviendra un astre, toujours rond, toujours blanc, elle ne prendra plus jamais la forme d'un croissant.
– J'ai une idée ! » déclare Daphné.

s'emparer :
prendre.

Elle attrape Timoléon par le col de son veston, court jusqu'à sa boutique de jouets, s'empare de son plus grand cerf-volant et y attache Timoléon bien
10 solidement. Puis elle sort, vérifie la direction du vent, et lance Timoléon qui s'élève dans les airs en hurlant :
« À moi la Lune ! »

une bourrasque :
un coup de vent bref et violent.

Mais, soudain, une bourrasque violente déchire la toile du cerf-volant et Timoléon s'écrase dans un étang.

pathétique : bouleversant.

l'aube : le lever du jour.

un forcené : un fou.

15 Daphné, Gonzague et Timoléon sont assis sur un banc public et regardent la Lune d'un air pathétique. Roland Pendule, l'horloger, les aperçoit et leur demande la cause de leur tracas.
Timoléon lui répond :
« Si je ne parviens pas à rejoindre la Lune avant l'aube, le vieux Zamoléon
20 ne sera pas remplacé. La Lune deviendra un astre toujours rond, toujours blanc, elle ne prendra plus jamais la forme d'un croissant.
– J'ai une idée ! » déclare Roland.

Il attrape Timoléon par les pieds, lui arrache ses souliers et fonce jusqu'à son atelier. Là, il démonte une horloge, récupère deux énormes ressorts et
25 les fixe aux chaussures de Timoléon. Celui-ci les enfile, regarde la Lune et se met à sauter sur place comme un forcené.
Mais rapidement, Timoléon a des ampoules aux pieds. Au bout de quarante bonds, épuisé, il retombe sur le nez.

Albert, le souffleur de verre, tente d'aider Timoléon en l'enfermant dans
30 une grande bulle de savon.

Margot, qui parle aux oiseaux, le fait soulever par trois cents moineaux.

Benoît, le lanceur de poids, le projette de toutes ses forces.

35 Marlou, le voyou construit un immense lance-pierres.

Tout le monde veut aider Timoléon, mais personne ne trouve la solution. Marlou,
40 Benoît, Margot, Albert, Roland, Daphné, Gonzague, tout le reste de la ville et Timoléon sont accoudés à un muret et regardent la
45 Lune d'un air désespéré.

Thème 3 – Le Soleil et la Lune

Conte

Tout à coup, au milieu du silence, une petite voix fluette se fait entendre :
« Et pourquoi ne ferait-on pas une 50 échelle humaine ? »
C'est la petite Chloé, que personne n'avait repérée.

Aussitôt, la gaieté gagne l'assemblée et l'horloger monte sur les épaules 55 du souffleur de verre, qui monte sur les épaules du petit marchand de journaux et ainsi de suite, jusqu'à ce que soit formée une immense échelle d'amitié. Timoléon s'appuie 60 sur ses compagnons, devenus échelons, et rejoint la Lune sous leurs acclamations.

Zamoléon prend aujourd'hui une retraite bien méritée, quelque part 65 dans la Voie lactée, et Timoléon, le nouveau Cache-Lune, prépare chaque nuit un magnifique croissant pour la ville assoupie.

Depuis, le sommeil des habitants est 70 paisible et profond, car tous croient voir, en s'endormant, le sourire de Timoléon.

Éric Puybaret (texte et illustrations), *Cache-Lune*, coll. « Albums », © 2002, Hachette Livre/ Gautier-Languereau.

---

un **échelon** : un barreau d'une échelle.

des **acclamations** : des applaudissements.

la **Voie lactée** : galaxie dont la Terre fait partie.

assoupie : endormie.

paisible : calme.

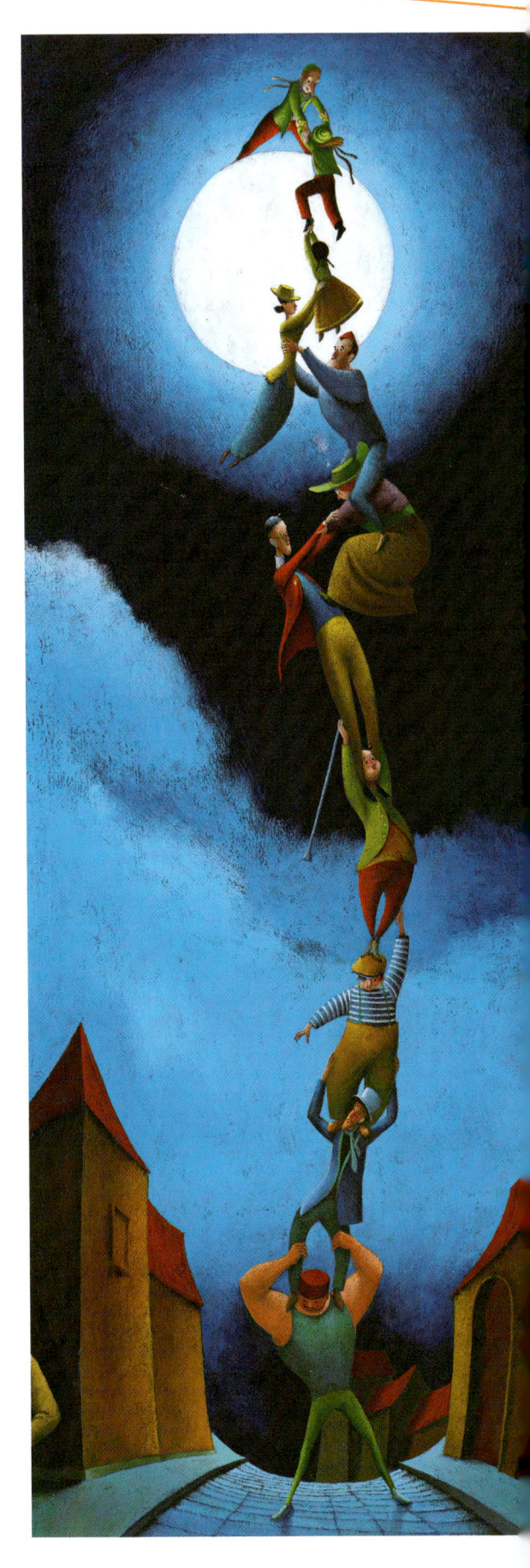

Je comprends

1. Pourquoi Timoléon et Gonzague sont-ils soucieux ?
2. Qui est Daphné ? Quelle idée a-t-elle ?
3. Pourquoi Timoléon s'écrase-t-il dans un étang ?
4. Quel est le métier de Roland Pendule ? Pourquoi est-ce amusant ?
5. Quels autres habitants veulent aider Timoléon ?
6. Qui est Chloé. Quelle idée a-t-elle ?
7. Pourquoi les habitants dorment-ils paisiblement à la fin de l'histoire ?

Je découvre les mots du texte

1. Quel **air** Daphné, Gonzague et Timoléon ont-ils en regardant la Lune (ligne 16) ?
2. Quel **air** Marlou, Benoît, Margot, Albert, Roland, Daphné, Gonzague et Timoléon ont-ils en regardant la Lune (ligne 45) ?
3. Quel sentiment éprouvent-ils à chaque fois ? Trouve une autre façon de décrire l'air qu'ils ont.

J'observe les phrases du texte

1. Lis les phrases suivantes.
   - Timoléon a perdu la pilule.
   - Elle attrape Timoléon par le col de son veston.
   - La Lune deviendra un astre toujours rond.

> Le verbe est **le mot qui change selon le moment où se passe l'action**.
> Aujourd'hui, Timoléon et Gonzague **regardent** la Lune. → présent
> Hier, Timoléon et Gonzague **ont regardé** la Lune. → passé
> Demain, Timoléon et Gonzague **regarderont** la Lune. → futur

2. Laquelle de ces phrases parle de ce qui arrivera ?
3. Laquelle de ces phrases parle de ce qui est arrivé ?
4. Laquelle de ces phrases parle de ce qui arrive maintenant ?
5. Invente une phrase et indique si elle se passe dans le passé, le présent ou le futur.

Je m'exerce à lire et à dire à voix haute

1. Lis à voix haute l'explication que donne Timoléon à Daphné (lignes 4 à 6).
2. Relis-la comme si Timoléon était en colère puis comme s'il était joyeux.

Je donne mon avis

- Crois-tu que le métier de Cache-Lune existe vraiment ? Pourquoi ?

J'écris

- Timoléon doit maintenant cacher le Soleil. Imagine ce qu'il risque d'arriver s'il n'y parvient pas et complète la phrase :
  « Si je ne parviens pas à rejoindre le Soleil avant le lever du jour, il … »

Thème 3 – Le Soleil et la Lune

Le son [ã]
(an, am, en, em)

Je reconnais le son

C'est un travail très important car les croissants de Lune ainsi formés embellissent le ciel et rythment le temps.

Éric Puybaret, Cache-Lune, © Gautier-Languereau.

1. Lis cette phrase à voix haute. Combien de fois entends-tu le son [ã] ?
2. Dans quels mots ?

Je cherche des mots avec le son

1. Cherche des noms de métiers qui contiennent le son [ã].
2. Remets les syllabes suivantes dans l'ordre pour former cinq mots.
   té – san / lon – ta – pan / dre – ven – di / lan – ce – am – bu / ra – tem – pé – re – tu

J'entends le son

1. Construis un tableau à deux colonnes (**J'entends [ã]** et **Je n'entends pas [ã]**) et classe les mots suivants.
   une rampe – une année – un enfant – un damier – une ampoule – un planeur – un emploi – une femme – une tente – une benne

2. Lis chaque liste de mots et trouve l'intrus. Explique ton choix.

une langue	un membre	lent	un lama	un parent	une maman
une panne	le temps	le vent	une chambre	un ventre	la manière
une chanson	décembre	un renne	une lampe	un penseur	méchant
une balance	remercier	la menthe	une rampe	un examen	amusant

J'écris le son

1. Recopie et complète avec **an** ou **am**. Tu peux t'aider d'un dictionnaire.
   - Pend...t les vac...ces, nous avons ramassé des ch...pignons à la c...pagne.
   - Farid a fait une r...donnée aujourd'hui : il a mal aux j...bes et s'est fait une ...poule au pied.

2. Recopie et complète avec **en** ou **em**. Tu peux t'aider d'un dictionnaire.
   - La t...pête fait rage, le torr...t de boue ...porte tout sur son passage.
   - Amel est malade : elle a de la t...pérature, il faut l' ...mener chez le médecin.

3. Épelle et recopie ces mots.
   le temps – un enfant – une maman – maintenant – blanc – comment – un parent – longtemps – pendant

---

JE RETIENS

Le son [ã] peut s'écrire : **an** → la mam**an**   **en** → **en**lever

Attention !
Devant un **b** ou un **p**, il s'écrit **am** ou **em** : la c**am**pagne – il **em**brasse.

Le son [ɛ]
(ai, e, è, ê, ei, et)

Je reconnais le son

Au bout de deux kilomètres, il s'arrête net et lève ses yeux vers le ciel. […] La pilule qui rend léger comme l'air est à jamais perdue.

Éric Puybaret, *Cache-Lune*, © Gautier-Languereau.

1. Lis ces phrases à voix haute. Combien de fois entends-tu le son [ɛ] ?
2. Dans quels mots ?

Je cherche des mots avec le son

1. Cherche des prénoms qui contiennent le son [ɛ].
2. Cherche des mots qui commencent par le son [ɛ].

J'entends le son

1. Lis les mots suivants et cherche la syllabe qui contient le son [ɛ].
   une maison – un tunnel – une baleine – avec – un palais – la vitesse – mercredi

2. Construis un tableau à deux colonnes (**J'entends [ɛ]** et **Je n'entends pas [ɛ]**) et classe les mots suivants.
   un zèbre – un peintre – une reine – une raquette – des carottes – la pêche – une épine – un poulet – un éventail – la laine – la faim – une veste

J'écris le son

1. Recopie ces mots et place l'accent grave ou l'accent circonflexe pour faire le son [ɛ]. Tu peux t'aider d'un dictionnaire.
   mon pere – une creme – une bete – la lumiere – un reve – une vipere – la fete – la regle

2. Recopie et complète avec le féminin de ces métiers. N'oublie pas l'accent grave !
   - le pâtissier → la pâtissière
   - le jardinier → …
   - le caissier → …
   - le banquier → …
   - le cuisinier → …
   - l'infirmier → …

3. Recopie et entoure l'intrus dans chaque série. Explique ton choix.
   - le lait – la laine – la plaine – un piano – jamais
   - la reine – un peigne – le mien – la neige – la peine
   - un bonnet – merci – une fillette – une femme – une ferme

4. Épelle et recopie ces mots.
   mais – le lait – la neige – même – très – la forêt – une personne – la mer – après – l'herbe

JE RETIENS

- Le son [ɛ] s'écrit souvent avec un accent :
  è (e accent grave) → ma m**è**re   **ê** (e accent circonflexe) → une f**ê**te

- Il peut aussi s'écrire :
  ai → une m**ai**son   **ei** → la n**ei**ge   **et** (en fin de mot) → un mur**et**
  e (devant 1 ou 2 consonnes) → la m**er** – une v**es**te

  Attention ! le mot **et** se prononce [e].

Thème 3 – Le Soleil et la Lune

Documentaire

Les 8 planètes

Le système solaire se compose d'une étoile, le Soleil, et des huit planètes qui tournent autour de lui.

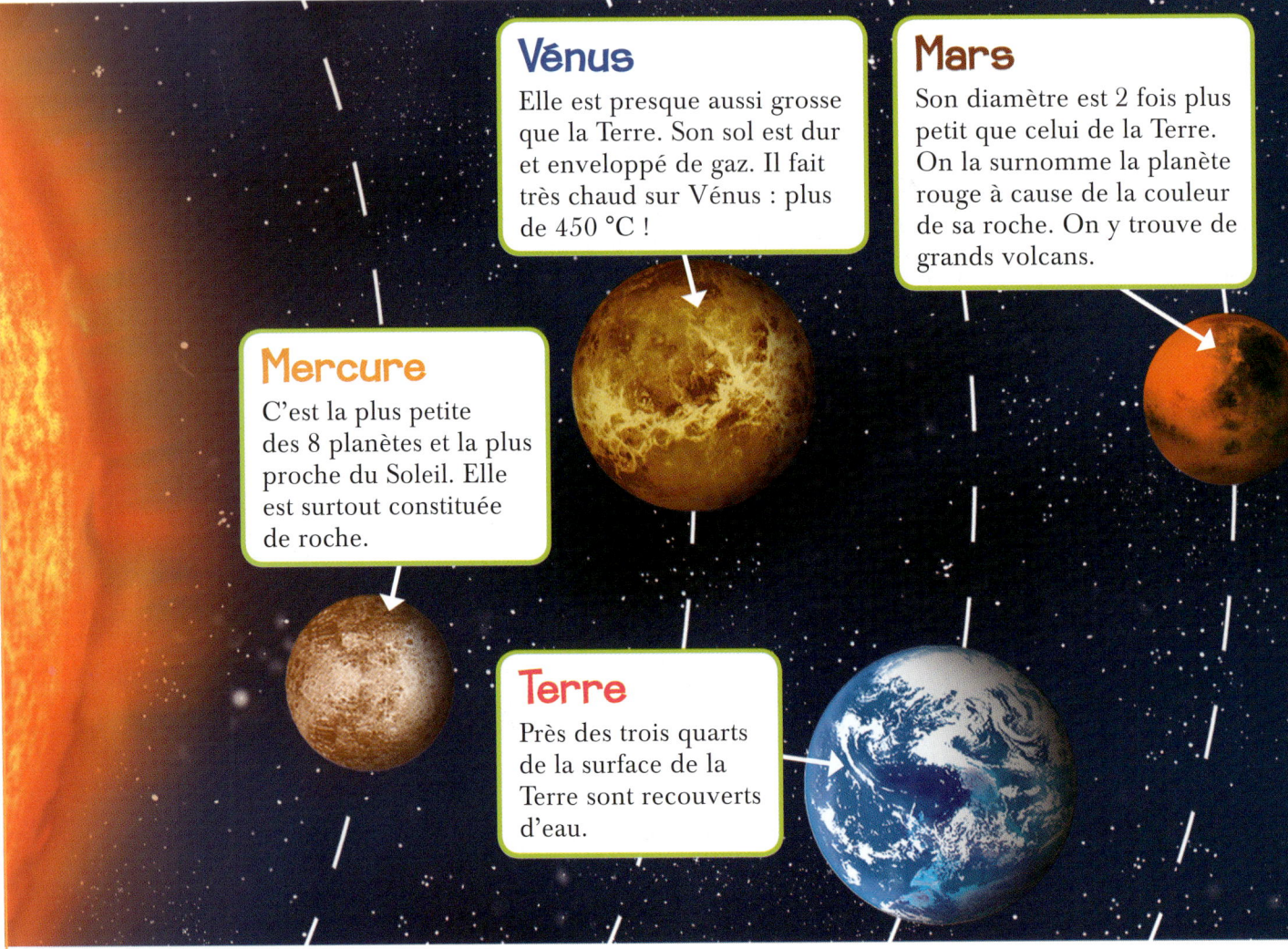

Vénus
Elle est presque aussi grosse que la Terre. Son sol est dur et enveloppé de gaz. Il fait très chaud sur Vénus : plus de 450 °C !

Mars
Son diamètre est 2 fois plus petit que celui de la Terre. On la surnomme la planète rouge à cause de la couleur de sa roche. On y trouve de grands volcans.

Mercure
C'est la plus petite des 8 planètes et la plus proche du Soleil. Elle est surtout constituée de roche.

Terre
Près des trois quarts de la surface de la Terre sont recouverts d'eau.

Les dessins ne sont pas à l'échelle.

J'observe
1. Quel est le titre de ce documentaire ?
2. Quelles informations te donne-t-il ?
3. Que vois-tu sur ce documentaire ?
4. Comment les informations sont-elles présentées ?

Je comprends
1. Combien y a-t-il de planètes dans le système solaire ?
2. Qu'est-ce que le Soleil ?
3. Range les planètes de la plus proche à la plus éloignée du Soleil.
4. Autour de quoi ces planètes tournent-elles ?
5. Quelles planètes ont des anneaux ?

du système solaire

Jupiter
C'est la plus grosse planète du système solaire. Elle est surtout constituée de gaz.

Uranus
Un peu plus grosse que Neptune, Uranus est comme elle surtout constituée de gaz. Elle est entourée d'anneaux sombres.

Neptune
C'est la planète la plus éloignée du Soleil. Son diamètre est 4 fois plus grand que celui de la Terre. Elle est entourée d'anneaux.

Saturne
C'est une grosse planète surtout formée de gaz. Les bandes que l'on voit à sa surface sont des nuages. Elle est entourée d'anneaux.

Le Petit Quotidien, « Spécial Planètes » n° 11, © Play Bac Presse.

Je découvre les mots

1. Cherche le mot **diamètre** dans un dictionnaire.
2. Quel mot reconnais-tu dans **diamètre** ?
3. Connais-tu d'autres mots qui contiennent le mot **mètre** ? Lesquels ?

Je donne mon avis

- Aimerais-tu voyager dans l'espace ? Pourquoi ?

Théâtre

L'Avion et la Lune

C'est la nuit. La Lune brille au loin. L'Avion arrive à l'opposé en vrombissant et sans la voir, il s'amuse à tournoyer loin d'elle.

L'Avion : Vrrrrrm, vrrrrrrrrrrrm, vrrrrrrrrrrm, vrrrrrrm !
Tout à coup, il s'arrête émerveillé. Il vient d'apercevoir la Lune.

5 **L'Avion,** *admiratif* **:** Ooooooooooh ! Oh, mais qu'est-ce que c'est que ça ?

La Lune : Ça, comme tu le dis si élégamment, c'est moi. Je suis la Lune.

L'Avion : Oh pardon, madame la Lune ! Je ne savais pas que c'était vous ! Oh vous êtes vraiment magnifique !

La Lune, *s'inclinant poliment* **:** Merci beaucoup.

10 *L'Avion tourne et tournoie dans tous les sens comme un petit fou. Puis il s'arrête en se tenant la tête.*

L'Avion : Aïe, aïe, aïe, aïe ! Vous êtes tellement belle que la tête me tourne !

La Lune, *riant* **:** Ce que tu peux être drôle ! Tu ne m'avais donc jamais vue auparavant ?

15 **L'Avion :** Eh non, je suis tout neuf !... Et pour fêter ça, je viens vous faire un gros bisou !

Il se met à vrombir de toutes ses forces. Il s'approche de la Lune mais ne peut franchir une certaine limite.

L'Avion : Vrrrrrrrrrrrrrrrrrrm, vrrrrrrrrrrrrrrrrrrrrm...

20 *Il force, il insiste, puis il se met à tousser violemment.*

La Lune : Holà ! attention ! Si tu te conduis ainsi, tu ne feras pas long feu ! Tu n'as qu'à m'envoyer ton bisou de loin !

L'Avion : Alors là, pas question ! Je réessaie... Vrrrrrrrrrrrrrrrrrrrm...

La Lune, *riant* **:** Mais arrête, ce n'est pas possible ! Si encore tu étais une fusée...

25 **L'Avion :** Une fusée ? Mais oui, bien sûr ! Comment n'y ai-je pas pensé plus tôt ?
Il se débarrasse de ses ailes.

La Lune : Non ! Ne fais pas ça, tu es complètement fou !

L'Avion : T'occupe ! Je sais ce que je fais !

Il vrombit alors de toutes ses forces, s'approche un peu plus de la Lune mais tout 30 *à coup, il perd le contrôle de sa trajectoire et repart dans l'autre sens en tournoyant. Il sort dans un grand cri.*

L'Avion : Au secooouuuuuurs ! Aaaaaaaah ! *On entend un bruit de crash.*

La Lune : Et voilà ! Encore un petit malin qui ne décrochera pas la Lune !

Brigitte Saussard, *Saynètes pour apprentis comédiens*, © Retz, Paris, 1999.

---

tournoyer : tourner sur soi-même.

élégamment : avec élégance.

s'incliner : se pencher pour saluer.

la trajectoire : la direction.

un crash : une explosion.

Je comprends

1. Quand cette histoire se passe-t-elle ?
   Qui sont les personnages ?
2. Relève la phrase qui t'indique « l'âge » de l'Avion.
3. Pourquoi l'Avion admire-t-il la Lune ?
4. Que fait-il pour essayer de rejoindre la Lune ?
   Que lui arrive-t-il à la fin ?

Je découvre les mots du texte

1. L'Avion fait du bruit. Quel verbe est utilisé pour indiquer ce bruit ?
2. Trouve d'autres verbes qui décrivent des bruits.
3. Par quel mot est décrit le bruit que fait l'avion ?
4. Ce mot est-il facile à prononcer ?
5. C'est une **onomatopée**. Trouve d'autres onomatopées.

J'observe les phrases du texte

1. Comment les noms des personnages sont-ils écrits ?
2. À quoi servent les deux-points (:) après chaque nom de personnage ?
3. Quelles indications donnent les mots ou les phrases en italique (*écriture penchée*) ?
4. Comment s'appelle ce genre de texte ?

> • Dans **une pièce de théâtre**, les personnages parlent entre eux : c'est **un dialogue**. Pour indiquer qui parle, l'auteur écrit les noms des personnages avant leurs paroles.
>
> LA LUNE : Merci beaucoup.
>
> • Pour aider les acteurs, il donne aussi des indications écrites en italique.
>
> LA LUNE, *riant* :

Je m'exerce à lire et à dire à voix haute

1. Relève dans le texte les indications données pour lire les phrases des lignes 5 et 13.
2. Que fait la voix ?
3. À deux, entraînez-vous à dire cette pièce sans lire les indications en italique.

Je donne mon avis

1. Pourquoi un avion ne peut-il pas aller jusqu'à la Lune ?
2. Comment t'y prendrais-tu pour décrocher la Lune ?

J'écris

• L'Avion n'a jamais vu la Lune parce qu'il est tout neuf. Imagine une autre raison pour laquelle il pourrait ne jamais l'avoir vue et complète la phrase :
« L'AVION : Eh non, ... »

Thème 3 – Le Soleil et la Lune

Le Soleil veut rencontrer la Lune

Le Soleil brille peu aujourd'hui. Un nuage, de loin, lui crie :

– Tu es pâle, Soleil ! Ça ne va pas ?

– Non, ça ne va pas du tout ! répond le Soleil.
5 J'en ai assez. Personne ne vient me voir. Je m'ennuie.

– Voyons Soleil ! qui pourrait venir te voir, à part nous ? réplique le nuage. Quiconque s'approche de toi brûle aussitôt, tu le sais bien.

– Oh oui ! je sais, répond le Soleil, agacé. Mais j'aimerais tant voir la Lune.
10 Il paraît qu'elle est très belle. C'est vrai ?

– Oh ! oui ! dit le nuage, rêveur. C'est une bien jolie boule. La nuit, parfois, je passe devant elle. Je l'entoure d'un voile de nuée. Je l'enveloppe d'une caresse, je la…

– Ça suffit ! ordonne le Soleil, jaloux. Pourquoi donc se lève-t-elle quand moi
15 je vais me coucher ? Pourquoi ne nous croisons-nous jamais, hein ? Pourquoi ?

Comme sa mauvaise humeur ne le mène à rien, le Soleil tente de se faire câlin.

– Mon petit Nunu chéri, dit-il d'une voix mielleuse, j'aimerais tant voir la Lune ! Tu ne voudrais pas m'aider ?

Songeur, le nuage ne répond pas.
20 – Je veux voir la Lune ! hurle alors le Soleil, piquant une colère. Sinon, gare ! Je brûle tout !

Le Soleil crie si fort que le Vent l'entend. Le Vent se lève, s'agite et court sans trêve d'un nuage à l'autre.

– Gare ! Gare ! Le Soleil veut voir la Lune ! Le Soleil veut voir la Lune !
25 répète-t-il, effrayé. S'il n'y arrive pas, il va tout brûler !

Le Vent parle, parle, puis il souffle, souffle de plus en plus fort et pousse les nuages avec vigueur. Paniqués, les nuages avancent très vite. Ils se bousculent. Ils sont bientôt si nombreux, si serrés les uns contre les autres qu'ils entourent le Soleil et le cachent complètement. Il fait ainsi tout noir.
30 « Tiens voilà la nuit ! Déjà ? s'étonne la Lune. Ouaaa… (Elle bâille longuement.) Oh ! J'aurais bien dormi encore un peu, moi !... Allez ! Courage ! Il faut se réveiller ! »

Sarah K., *Le Soleil a rencontré la Lune*, coll. « Nathan Poche 6-8 ans »,
© Éditions Nathan (Paris-France), 2005.

---

quiconque : qui que ce soit.

un voile de nuée : un nuage.

se faire câlin : se faire tendre et gentil.

sans trêve : sans arrêt.

avec vigueur : avec force.

Je comprends

1. Qui sont les personnages de cette histoire ?
2. Pourquoi le Soleil est-il pâle aujourd'hui ?
3. Pourquoi les nuages sont-ils les seuls à venir voir le Soleil ?
4. Qui le Soleil veut-il voir ?
5. Pourquoi le Vent entend-il le Soleil ?
6. Que se passe-t-il quand le Vent souffle ?

Je découvre les mots du texte

1. Comment l'auteur décrit-il la voix du Soleil lorsqu'il se fait câlin (ligne 17) ?
2. Quel mot entends-tu dans **mielleuse** ? Comment est cette voix ?
3. On dit aussi **une voix sucrée**. Trouve d'autres façons de décrire la voix.
4. Et si la voix est désagréable, que peut-on dire ?

J'observe les phrases du texte

1. Dans les phrases suivantes, relève tous les verbes au présent.
   - La Lune se lève et commence à briller. Les nuages s'écartent.
2. Quel autre verbe y a-t-il ? Est-il au présent ?
3. Utilise ce verbe dans une phrase au présent, au passé et au futur. Que remarques-tu ?

> • Quand la terminaison du verbe change selon le temps (**passé**, **présent**, **futur**) et selon celui qui fait l'action, on dit que le verbe est **conjugué**.
>
> Les nuages **avancent**. → présent
> La voiture **avancera**. → futur
> J'**ai avancé**. → passé
>
> • Quand un verbe n'est pas conjugué, il est à **l'infinitif** et se termine souvent par **-er**, **-ir** ou **-re** : manger – grandir – boire…

Je m'exerce à lire et à dire à voix haute

1. Lis le texte de la ligne 26 à la ligne 29. Où as-tu marqué des pauses ?
2. À quel endroit la voix monte-t-elle ? accélère-t-elle ?
3. Relis ce passage de façon dynamique.

Je donne mon avis

- Trouves-tu le Soleil capricieux ? Pourquoi ?

J'écris

- Le Soleil peut enfin voir la Lune. Imagine, puis écris ce qu'il lui dit lorsqu'il la voit pour la première fois.

Vocabulaire

Les familles de mots

J'observe

L'Avion **tourne** et **tournoie** dans tous les sens comme un petit fou. Puis il s'arrête en se tenant la tête.

Brigitte Saussard, Saynètes pour apprentis comédiens, © Retz, Paris, 1999.

1. Lis ces phrases. Observe les mots en couleur. Que remarques-tu ?
2. Trouve d'autres mots de la même famille.

Je m'exerce

1. Recopie ce tableau et range les mots suivants dans leur famille.

   un porte-avions – un terrain – venteux – un éventail – l'aviation – terrestre – un ventilateur – un territoire – un aviateur – ventiler – atterrir – une aviatrice

Vent	Avion	Terre

2. Recopie et entoure le morceau commun (**la racine**) dans chaque série.
   - s'envoler – un volant – voleter – survoler – un vol – une volière
   - un lavabo – délaver – le lavage – le laveur – le lavoir – lavable

3. Lis chaque liste de mots et trouve l'intrus. Explique ton choix.

une fleur	un dentiste	un astre	un laitage	une plante
un fleuriste	un dentier	une astuce	le lait	une plainte
un fleuve	édenté	un astronome	laide	planter
fleurir	un dentifrice	l'astrologie	allaité	une plantation
effleurer	dense	l'astrologue	la laiterie	déplanter

4. Recopie et complète chaque série avec un mot de la même famille.
   - le chant – le chanteur – …
   - verser – un versement – …
   - un marchand – marchander – …
   - un médecin – médical – …

5. Trouve la racine commune.
   - lentement – la lenteur → **lent**
   - prédire – redire → …
   - une fromagerie – un fromager → …
   - fournée – enfourner → …
   - grossir – la grosseur → …
   - une rondelle – la rondeur → …

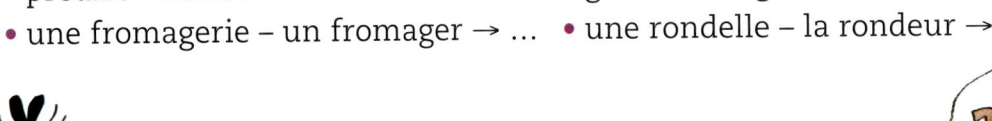

JE RETIENS

Terre – **terr**estre – at**terr**ir – **terr**ain – en**terr**er sont des mots de la même famille. Ils sont tous formés à partir d'une même **racine** et leur sens a un rapport avec la Terre.

Projet d'écriture

Écrire un épisode

J'observe

1. Lis cet extrait de *Cache-Lune*. Quel est le métier de Daphné ?
2. Quel objet utilise-t-elle pour aider Timoléon ?
3. Que dit Timoléon au moment où il s'envole ?
4. Pourquoi Timoléon tombe-t-il ?
5. Où atterrit-il ?

Daphné, la marchande de jouets, a une idée pour aider Timoléon à aller sur la Lune.

Elle attrape Timoléon par le col de son veston, court jusqu'à sa boutique de jouets, s'empare de son plus grand cerf-volant et y attache Timoléon bien solidement.
Puis elle sort, vérifie la direction du vent, et lance Timoléon qui s'élève dans les airs en hurlant :
« À moi la Lune ! »
Mais, soudain, une bourrasque violente déchire la toile du cerf-volant et Timoléon s'écrase dans un étang.

Éric Puybaret, *Cache-Lune*, coll. « Albums »,
© 2002, Hachette Livre/Gautier-Languereau.

J'écris un épisode

- Timoléon n'arrive toujours pas à aller sur la Lune ; il demande à un autre habitant du village de l'aider. Écris un nouvel épisode en racontant l'idée qu'a ce nouveau villageois et ce qui arrive.

Des outils pour mieux écrire

- **Choisis un prénom :**
Clément – Estelle – Amel – Enzo – Noé – Léon – Manon…

- **Cherche une activité et un objet qui rime avec ce prénom :**
le pharmacien et ses médicaments – la sorcière et son balai fidèle – le pêcheur et sa canne – l'astronaute et sa fusée – le pilote et son avion – le footballeur et son ballon…

- **Décris l'action du personnage à l'aide d'un verbe :**
voler – propulser – envoyer – projeter – lancer – soulever – s'envoler – s'élever – sauter…

À mon tour d'écrire !

✓ Commence ta première phrase par le prénom, l'activité et l'objet qui rime avec le prénom.

✓ Décris bien l'idée qu'a ton personnage pour aider Timoléon à rejoindre la Lune et l'événement qui fait que cela ne marche pas.

✓ N'oublie pas la phrase que répète toujours Timoléon quand il essaie de s'envoler vers la Lune (« À moi la Lune ! »).

✓ Vérifie que tes phrases commencent par une majuscule et se terminent par un point.

Quand tu as fini, lis ton texte à tes camarades !

Thème 3 – Le Soleil et la Lune

Poésie

Ballade à la Lune

C'était dans la nuit brune,
Sur le clocher jauni,
La Lune,
Comme un point sur un i.

Lune, quel esprit sombre
Promène au bout d'un fil,
Dans l'ombre,
Ta face et ton profil ?...

N'es-tu rien qu'une boule ?
Qu'un grand faucheux bien gras
Qui roule
Sans pattes et sans bras ?...

Est-ce un ver qui te ronge,
Quand ton disque noirci
S'allonge
En croissant rétréci ?

Qui t'avait éborgnée
L'autre nuit ? T'étais-tu
Cognée
À quelque arbre pointu ?

Je viens voir à la brune,
Sur le clocher jauni,
La Lune,
Comme un point sur un i.

Alfred de Musset, *Ballade à la Lune*.

Le Chat et le Soleil

Le chat ouvrit les yeux,
Le soleil y entra.
Le chat ferma les yeux,
Le soleil y resta.

Voilà pourquoi, le soir,
Quand le chat se réveille,
J'aperçois dans le noir
Deux morceaux de soleil.

Maurice Carême,
© Fondation Maurice-Carême,
tous droits réservés.

Enfants d'ici, enfants d'ailleurs

MAXI DÉBAT

Que sais-tu de la vie des enfants d'autres pays ?

Conte	« La pluie des mots », Yves Pinguilly	pp. 68 à 75
Documentaire	L'école à travers le monde	pp. 78-79
Récit	« Lili et le goût de la Chine », Guillaume Olive et Zhihong He	pp. 80-81
Recette norvégienne	« Biscuits des lutins », Corinne Albaut	pp. 82-83
Poésie	« Viens en France, enfant lointain… », Alain Bosquet et « L'Île des rêves », Jacques Charpentreau	p. 86

Conte

La pluie des mots (1)

C'est le village de Niéléni.
– N'na, les branches des arbres se courbent. Elles prient.
– Niéléni, ma fille, tu es folle !
5 – N'na, regarde, les arbres ont des yeux.
– Tu dis quoi encore ?
– Les arbres ont des yeux, chaque feuille est une paupière.
10 – Niéléni, ma fille, tu es plus folle que folle !

Elles pilaient le mil. Toum toum pour Kadiatou la mère, toum toum pour Niéléni la fille.

À présent, Niéléni travaillait sans lever la tête. Elle ne vit pas le nuage
15 de poussière au loin, mais bientôt elle entendit le moteur du taxi-brousse de Zana. Dans cinq minutes, il serait là avec ses passagers et son poisson fumé.

Cinq minutes passèrent.
– Kadiatou, j'apporte une lettre.
20 C'était Zana.
– C'est pour Niéléni, dit-il, une lettre avec un beau timbre en couleurs. Elle vient de la capitale. C'est son oncle maternel, c'est Mody ton frère qui l'envoie. Il a écrit son nom derrière l'enveloppe, regarde.

Le timbre représentait une jeune fille africaine aux cheveux bien tressés.
25 Zana donna la lettre à Niéléni. Elle l'admira et la glissa sous sa camisole, contre sa peau.
La piste rouge avait donné soif à Zana. Kadiatou lui offrit à boire dans une petite calebasse.
Niéléni, quand elle ne pilait pas le mil, faisait cuire le riz sauvage, allait
30 chercher de l'eau ou du bois, lavait le linge au marigot ou nettoyait la cour.

piler le mil : écraser des céréales.

un taxi-brousse : un taxi qui circule dans la brousse.

une calebasse : une courge vidée et séchée qui sert de récipient.

un marigot : une rivière en train de disparaître.

les **coépouses** : les femmes d'un même homme.

Tous les trois jours, elle préparait les repas avec sa mère : pour son père, pour les deux **coépouses** de sa mère et pour les quatre garçons des deux coépouses.

Niéléni n'allait pas à l'école. Elle n'était qu'une fille…

35 Niéléni n'avait jamais appris à lire.

Elle demanda à ses quatre frères-même-père de lui lire sa lettre. Mais ceux-là n'avaient pas **bu le même lait qu'elle**… Ils se moquèrent d'elle ! Pire, ils tentèrent de lui voler le beau timbre qui décorait l'enveloppe…

boire le même lait que quelqu'un : avoir la même mère.

Thème 4 – Enfants d'ici, enfants d'ailleurs

Conte

Alors, Niéléni s'enfuit vers l'est de l'est. Ils la poursuivirent. Elle arriva la
40 première au grand arbre à karité et elle grimpa en haut. C'était un arbre
fétiche. Il attirait le tonnerre du ciel sur les garçons qui s'y perchaient.
Aucun ne s'y risquait. Là, elle était imprenable, elle le savait.

Diaby, le plus grand des quatre frères, lui cria :
– Ta lettre, je l'aurai et je la donnerai à manger à un éléphant de la brousse !
45 Hamidou, le plus jeune, affirma très fort en riant :
– Je volerai ton timbre !
Moussa, pour ne pas être en reste, leva le poing et lança :
– On brûlera tous les mots… les grands et les gros !
Nama, qui ne savait pas quoi ajouter, ronchonna :
50 – Moi, je pisserai sur l'enveloppe !
– Attendons qu'elle descende.

Ils attendirent.
Niéléni s'installa au cœur de l'arbre pour la nuit. Diaby resta là, seul. Il prit
le premier tour de garde. Il n'avait pas peur du noir. Le lendemain, Niéléni
55 se percha au plus haut, là où la lumière respirait mieux.
Elle y dormit la nuit suivante, surveillée par les yeux du ciel.
Diaby décida :
– Préparons un piège.
Les quatre frères imitèrent les chasseurs qui veulent capturer une bête
60 sauvage. Ils creusèrent un trou très profond tout autour du pied de l'arbre.
Ils le recouvrirent d'herbes sèches. Niéléni les avait vus faire. Elle ne pouvait
plus descendre sans tomber dans le trou et se blesser ou même se tuer !

Yves Pinguilly (auteur), Florence Koenig (illustratrice),
La Pluie des mots, Autrement Jeunesse,
© Autrement, 2005.

l'arbre à karité : un arbre que l'on trouve en Afrique.

un arbre fétiche : un arbre qui a des pouvoirs magiques.

imprenable : qui ne peut pas être pris.

lancer : dire haut et fort.

les yeux du ciel : les étoiles.

Je comprends

1. Où se déroule cette histoire ?
2. Qui sont les personnages ?
3. Qui est le personnage principal ?
4. Qu'apporte Zana à Niéléni ?
5. Pourquoi Niéléni ne lit-elle pas la lettre ?
6. Pourquoi se sauve-t-elle du village ?
7. Pourquoi sait-elle qu'elle est à l'abri dans l'arbre à karité ?
8. Quel piège les quatre frères préparent-ils ?
9. Que risque Niéléni si elle descend de l'arbre ?

Je découvre les mots du texte

1. Mody est l'oncle **maternel** de Niéléni. Est-ce le frère de son père ou de sa mère ?
2. Regarde le mot **maternel**. À quel mot te fait-il penser ?
3. Si c'était le frère de son père, comment l'appellerait-on ? et son grand-père du côté de sa mère ? et sa grand-mère du côté de son père ?
4. Combien de femmes le père de Niéléni a-t-il ? Comment sont-elles appelées dans le texte ?

J'observe les phrases du texte

1. Dans la phrase suivante, de qui parle-t-on ? Que fait cette personne ?
   - Niéléni s'enfuit vers l'est.
2. Dans la phrase suivante, de qui parle-t-on ? Que font-ils ?
   - Ses quatre frères-même-père la poursuivent.

> - **Le verbe** est le plus souvent accompagné d'**un sujet**.
> - Pour trouver le sujet, je me demande : « **De qui ou de quoi parle-t-on ?** »
> - Pour trouver le verbe, je me demande : « **Que fait le sujet ?** »
>
> Ce matin, Niéléni aide sa maman.
> De qui parle-t-on ? Niéléni.
> Que fait-elle ? Elle **aide**.

Je m'exerce à lire et à dire à voix haute

- Diaby **crie**, Hamidou **rit**, Moussa **lance** et Nama **ronchonne**. Relis le texte de la ligne 43 à la ligne 51 en imitant les quatre garçons.

Je donne mon avis

- Niéléni n'a jamais appris à lire parce que c'est une fille. Qu'en penses-tu ?

J'écris

- Rappelle-toi ce que Niéléni fait pour aider sa mère. Écris ce que tu fais à la maison pour aider tes parents.

Conte

La pluie des mots (2)

Niéléni resta vivre dans l'arbre.

Le vent haletant s'arrêta dans les branches, contre elle. Alors, les yeux du vent ne virent plus que Niéléni. Le vent était devenu aveugle face au reste du monde. Le vent resta là.

5   Niéléni se nourrissait du vent. Quand elle était rassasiée, elle fermait la bouche du vent.

Au village, on attendait la pluie. On fit des sacrifices pour qu'elle tombe à grosses gouttes.

On avait un peu oublié Niéléni dans son arbre, sauf sa maman qui, ne
10   sachant pas que sa fille mangeait le vent, répétait sans cesse : « Mais comment fait ma fille pour tricher avec la soif et la faim ? »

C'est un vieux du village qui remarqua :

– Il n'y a plus de vent, la pluie ne viendra pas, c'est au vent que la pluie demande la route.

haletant : fatigué, essoufflé.

être rassasié : avoir assez mangé.

des sacrifices : des animaux que l'on tue pour les offrir à un dieu.

une sécheresse : une longue période pendant laquelle il ne pleut pas.

15 Tous ceux du village voyaient la sécheresse s'installer un peu plus chaque jour. Diaby, Hamidou, Moussa et Nama décidèrent de chasser un lion pour lui couper la queue et en faire un chasse-mouche qu'ils offriraient au génie de la pluie.

débusquer : faire sortir de sa cachette.

Ils partirent en brousse avec leurs arcs. Ils débusquèrent un lion. Ils lui
20 tirèrent quatre flèches. Mais le lion ouvrit la gueule et avala les flèches. Ils tirèrent encore… Le lion, comme pour jouer, se mit à courir. Les quatre garçons le poursuivirent.

vibrer : trembler légèrement.

Le lion, chaque fois qu'il entendait une flèche vibrer dans l'air, se retournait et l'avalait ! Bientôt les quatre frères n'eurent plus aucune flèche !

25 Le lion, qui avait beaucoup couru vers l'est de l'est, boitait un peu. Il s'était enfoncé dans le pied une grande épine, perçante et coupante. Il aperçut un grand arbre. Il s'en approcha pour siester dans son ombre, mais aïe ! Il tomba dans le trou creusé par Diaby, Hamidou, Moussa et Nama. Là, au fond du trou, il pleura comme un enfant.

30 Niéléni voulut mieux le voir. Elle bougea trop sur sa branche, qui cassa. Elle tomba juste à côté du lion. Tout d'abord, ils eurent peur l'un de l'autre, puis ils échangèrent de doux regards.

une case : une maison.

S'aidant de la branche cassée, ils réussirent enfin à sortir du trou. Niéléni enleva l'épine du pied du lion, puis
35 elle déchira un morceau de son pagne et lui fit un léger pansement.
– Accompagne-moi au village, reste avec moi. Si tu es là, personne n'osera me voler ma lettre.
Il marcha près d'elle. Au-dessus de leur tête le ciel était
40 habillé d'un beau boubou bleu, orné d'une broderie en or.

Quand Niéléni arriva dans sa cour, avec le lion, ils se partagèrent un bon plat de bouillie de mil. Tous ceux du village les avaient vus de loin et s'étaient cachés dans leur case pour les observer.

Thème 4 – Enfants d'ici, enfants d'ailleurs

Conte

une guina mousso : une magicienne, une sorcière.

45 Le chef du village cria :
– Niéléni, es-tu une guina mousso pour te promener avec un lion ?
– Oui, oui…
Sa mère, qui s'était cachée avec les autres, lui lança :
– Je ne peux pas entendre ça, dis autre chose !

50 Le chef du village continua :
– Niéléni, si tu as vraiment des pouvoirs magiques, alors fais venir la pluie. Il nous faut la pluie.
Niéléni réfléchit un instant et déclara :
– Je veux bien faire venir la pluie, mais seulement si j'ai le droit d'aller
55 à l'école pour apprendre à lire et pour tout apprendre.
Le chef répondit sans hésiter :
– Dès demain tu pourras aller à l'école.
Niéléni murmura au lion :
– Si tu restes avec moi, au village, je n'aurai plus à aller me réfugier dans
60 l'arbre… Je ne mangerai plus de vent.
Il resta.
Elle lança tout haut :
– Je vais dire au vent d'ouvrir la bouche autant qu'il peut et d'ouvrir les yeux sur toute la terre et tout le ciel. Le vent, s'il le veut, ira chatouiller le ciel.

65 Le lendemain, sous la pluie, Niéléni, accompagnée de son lion, arriva à l'école. Elle avait sa lettre sous sa camisole. Le lion l'attendit dans la cour.

la saison des pluies et **la saison sèche :** en Afrique, il n'y a que deux saisons : l'une est très pluvieuse et l'autre est très chaude et sans pluie.

Elle resta à l'école toute la saison des pluies et toute la saison sèche, plus d'autres saisons
70 des pluies et d'autres saisons sèches. Quand elle eut tout appris, elle murmura à l'oreille de son lion :
– Si un jour tu reçois une lettre, c'est moi qui te la lirai.

Yves Pinguilly (auteur), Florence Koenig (illustratrice),
La Pluie des mots, Autrement Jeunesse, © Autrement, 2005.

Je comprends

1. Pourquoi le vent n'apporte-t-il plus la pluie au village ?
2. Pourquoi les quatre frères de Niéléni veulent-ils tuer un lion ?
3. Comment le lion et Niéléni se retrouvent-ils ensemble dans le trou ?
4. Comment sortent-ils du trou ?
5. Que demande Niéléni au chef de village en échange de son aide ?
6. Comment fait-elle revenir la pluie ?
7. Niéléni sait-elle lire à la fin de l'histoire ?

Je découvre les mots du texte

1. Qu'est-ce que la **brousse** ? Quels animaux vivent dans la brousse ?
2. Cherche dans ton dictionnaire ce que sont une **camisole**, un **boubou** et un **pagne**.
3. Connais-tu des vêtements portés dans d'autres pays ? Lesquels ?

J'observe les phrases du texte

1. Trouve le sujet de chacune des phrases suivantes.
   - Hamidou décide de chasser un lion.
   - Hamidou, Moussa, Nama et Diaby décident de chasser un lion
2. Quelle différence y a-t-il entre les sujets des deux phrases ?
3. Observe le verbe dans chacune des phrases. Que remarques-tu ?

> Le sujet et le verbe dépendent l'un de l'autre. On dit que **le verbe s'accorde avec son sujet**.
>
> **Moussa** va dans la forêt.
> (sujet au singulier → verbe au singulier)
> **Moussa et Nama** vont dans la forêt.
> (sujet au pluriel → verbe au pluriel)
> **Vous** allez dans la forêt.
> (sujet au pluriel → verbe au pluriel)

Je m'exerce à lire et à dire à voix haute

1. Lis les phrases dites par le chef du village lignes 51 et 52.
2. Entraîne-toi à les dire sur différents tons : sérieux, désespéré, rieur, autoritaire…
3. Dis-les maintenant en imitant la voix d'une vieille femme.

Je donne mon avis

1. Penses-tu que Niéléni a des pouvoirs magiques ? Pourquoi ?
2. Cette histoire est-elle vraie ? Pourquoi ?

> **J'écris**
> - Imagine, puis écris ce que pourrait dire Niéléni au Vent pour lui demander de ramener la pluie.

Les sons [o] et [ɔ]
(au, eau, o, ô)

Je reconnais les sons

Au-dessus de leur tête le ciel était habillé d'un beau boubou bleu, orné d'une broderie en or.
Yves Pinguilly, *La Pluie des mots*, © Autrement, 2005.

1. Lis cette phrase à voix haute. Combien de fois entends-tu les sons [o] et [ɔ] ?
2. Dans quels mots ?

Je cherche des mots avec les sons

1. Cherche des noms de vêtements qui contiennent le son [o] ou le son [ɔ].
2. Cherche des mots où tu entends plusieurs fois le son [o] ou le son [ɔ].

J'entends les sons

1. Construis un tableau à deux colonnes (**J'entends les sons [o] ou [ɔ]** et **Je n'entends ni [o] ni [ɔ]**) et classe les mots suivants.

   gros – une poire – un homme – un château – une otarie – un oncle – un crapaud – une robe – un moustique – bientôt – une porte – un crayon – propre – la joie

J'écris les sons

1. Lis chaque liste de mots et trouve l'intrus. Explique ton choix.

une pomme	une autruche	tôt	un cadeau
une otarie	chaud	un côté	un râteau
forte	faux	un poste	un préau
un gâteau	un moineau	un trône	beau

2. Relis les listes de l'**exercice 1**. Comment s'écrit le son [ɔ] ? Quelles sont les quatre écritures du son [o] ?

3. Écris la réponse à ces devinettes.

   Le son [o] s'écrit « o »
   - Il sert à écrire.
   - C'est un nombre plus petit que 1.
   - Il avance grâce à des pédales.
   - On la mange en salade.

   Le son [o] s'écrit « au »
   - C'est une couleur.
   - C'est un animal aveugle qui vit sous la terre.
   - C'est le contraire de vrai.
   - Il permet de promener les bébés.

4. Épelle et recopie ces mots.

   un stylo – zéro – un mot – un oiseau – un gâteau – le côté – chaud – haut – jaune – un homme – un ordinateur – une porte – bientôt

---

JE RETIENS

- Le son [o] s'écrit le plus souvent **o** : un vél**o**.
- Il peut aussi s'écrire :
  eau (en fin de mot) → un gât**eau**   **au** → ch**au**d   **ô** → un c**ô**té
- Le son [ɔ] s'écrit **o** : une p**o**rte.

Le son [ʒ]
(g, ge, j)

Je reconnais le son

– Si tu restes avec moi au village, je n'aurai plus à aller me réfugier dans l'arbre... Je ne mangerai plus le vent.

Yves Pinguilly, *La Pluie des mots*,
© Autrement Jeunesse, 2005.

1. Lis ce texte à voix haute. Combien de fois entends-tu le son [ʒ] ?
2. Dans quels mots ?

Je cherche des mots avec le son

1. Cherche des mots qui commencent par le son [ʒ].
2. Cherche des mots qui se terminent par le son [ʒ].

J'entends le son

1. Construis un tableau à deux colonnes (**J'entends [ʒ]** et **Je n'entends pas [ʒ]**) et classe les mots suivants.

    joli – une jambe – un ragoût – un gyrophare – un galet – un nageur – un bijou – rigolo – un pingouin – un bourgeon

2. Lis chaque liste de mots et trouve l'intrus. Explique ton choix.

le jambon	une girafe	un bougeoir	une orange
la vengeance	une guitare	une nageoire	une image
l'argent	un gilet	l'angoisse	un genou
arrogant	la gymnastique	un liégeois	une gare

J'écris le son

1. Recopie ces mots et colorie la lettre qui suit le **g**. Quelles lettres as-tu coloriées ?
    un singe – un gilet – une bougie – une gelée – Gilbert – un geste – un gyrophare

2. Recopie ces mots et colorie les deux lettres qui suivent le **g**. Quelles lettres as-tu coloriées ?
    la vengeance – une nageoire – un bourgeon – une orangeade – un plongeon

3. Ces deux exercices t'ont-ils fait colorier les mêmes lettres ? Que peux-tu en déduire ?

4. Épelle et recopie ces mots.
    jeudi – une jambe – une joue – un bourgeon – une nageoire – rouge – une bougie – un geste

JE RETIENS

Le son [ʒ] peut s'écrire :

j → le **j**udo

g (devant **e, i, y**) → rou**ge** – un **gi**let – la **gy**mnastique

ge (devant **a, o**) → la ven**gea**nce – un ca**geo**t

Documentaire

L'école à travers

Toutes les écoles du monde ne se ressemblent pas !
Petit tour du monde des écoles d'aujourd'hui...

En France...
Cette classe ressemble peut-être à la tienne.

Une classe en France.

Au Pakistan...
Ces écoliers du Pakistan se rassemblent dehors devant le tableau noir. Ils écoutent leur maître assis par terre.
Il n'y a pas de filles dans cette classe.

Une classe au Pakistan.

Un écolier anglais.

En Angleterre...
Ce petit garçon part pour l'école. Il porte un uniforme comme ses camarades.

J'observe
1. Quel est le point commun entre toutes ces photographies ?
2. Décris le matériel utilisé dans chacune de ces classes.
3. Quelles sont les ressemblances et les différences entre ces écoles et la tienne ?

Je comprends
1. Quelle classe n'accueille pas de filles ?
2. Quelle classe n'accueille pas de garçons ?
3. Qu'utilisent ces écoliers cambodgiens ?
4. À quoi vois-tu que certaines écoles sont plus riches que d'autres ?

le monde

Au Mali...

Dans cette classe, ni table, ni chaise… L'école est entièrement bâtie en brique de terre. Peu d'enfants vont à l'école.

Une classe au Mali.

Au Cambodge...

Dans cette école, les élèves peuvent utiliser un ordinateur et Internet. Ils ont de la chance car peu d'enfants dans leur pays ont cette possibilité.

Une classe au Cambodge.

Je découvre les mots

1. Cherche sur une carte les pays où ont été prises ces photographies.
2. Donne les noms des habitants de ces pays.
3. Donne les noms des habitants des pays suivants. Tu peux t'aider d'un dictionnaire.
   - Belgique – Argentine – Portugal – Espagne – Côte d'Ivoire – États-Unis – Suède – Canada

Je donne mon avis

1. Pourquoi est-il important d'aller à l'école ?
2. Dans de nombreux pays, les garçons vont à l'école mais pas les filles. Pour quelles raisons ? Qu'en penses-tu ?
3. Dans certaines écoles, les filles et les garçons sont dans des classes séparées. Qu'en penses-tu ?

Thème 4 – Enfants d'ici, enfants d'ailleurs

Récit

Lili et le goût de la Chine

Lili n'a pas de souvenirs du pays où elle est née, la Chine, car elle est venue vivre en France lorsqu'elle était bébé… Son voisin, Monsieur Barnabé, lui donne des leçons de cuisine chinoise.

Monsieur Barnabé est inquiet car Lili n'est pas venue à sa leçon. Il va demander à la maman de Lili si tout va bien, et il apporte des friandises. Lili a de la fièvre, Monsieur Barnabé va auprès d'elle.

– Je t'ai amené des *zongzi*, dit-il en tendant des gâteaux à Lili qui est
5 emmitouflée dans sa couverture, ce sont des boulettes de riz glutineux enveloppées dans des feuilles de roseaux. En Chine, on les mange à l'occasion de la fête *Duanwu*, le cinquième jour du cinquième mois.

– C'est bon ! dit Lili en goûtant, on dirait des petites pyramides !

– Je vais te raconter l'histoire des *zongzi* :

10 Dans l'antiquité chinoise vivait un ministre et poète du nom de *Qu Yuan*. Il était brillant et rendait les gens jaloux. Les autres ministres dirent du mal de lui à leur souverain, si bien que *Qu Yuan* fut banni, réduit à observer impuissant le déclin du monde qui l'entourait. Désespéré, il se jeta dans une rivière et mourut. C'est en sa mémoire qu'en Chine, on lance des
15 offrandes de riz dans les fleuves le jour de la fête *Duanwu*, et pour empêcher que le riz ne soit dévoré par les poissons, on l'enroule dans des feuilles de roseaux : c'est l'origine de la recette du *zongzi*.

Guillaume Olive et Zhihong He, *Lili et le Goût de la Chine*,
coll. « Jeunesse Balluchon », © Éditions Bleu de Chine, 2004.

---

emmitouflée : enveloppée.

glutineux : collant.

un ministre : un homme qui aide le roi dans son travail.

un souverain : un roi.

être banni : être chassé.

le déclin : la fin.

en sa mémoire : pour ne pas l'oublier.

Je comprends
1. Où Lili est-elle née ? Où vit-elle ?
2. Que lui apporte Monsieur Barnabé ?
3. Avec quoi fabrique-t-on des *zongzi* ?
4. En souvenir de qui les prépare-t-on ?
5. Qu'est-il arrivé à cet homme ?
6. Quel est le nom de la fête donnée en sa mémoire ?
7. Pourquoi les *zongzi* sont-ils enveloppés dans des feuilles de roseaux ?

Je découvre les mots du texte
1. Relis le texte de la ligne 10 à la fin. Pourquoi certains mots sont-ils écrits en italique ?
2. Que signifie le mot **brillant** dans la première phrase de la ligne 11 ?
3. Par quel autre mot pourrais-tu le remplacer ?
4. Connais-tu un autre sens pour ce mot ? Lequel ?

J'observe les phrases du texte
1. Recopie les phrases suivantes, souligne les sujets et encadre les verbes.
   - Les Chinois adorent les *zongzi*.
   - Lili adore les *zongzi*.
2. Dans chaque phrase, le sujet est-il au singulier ou au pluriel ?
3. Quelles lettres doit-on ajouter au verbe quand il est au pluriel ?

> Quand le verbe se termine par **-nt**, c'est que son sujet est au **pluriel**. Fais attention au sujet pour bien écrire le verbe.
>
> **Lili** ador**e** les *zongzi*.
> **Les Chinois** ador**ent** les *zongzi*.

Je m'exerce à lire et à dire à voix haute
1. Relis le texte de la ligne 1 à la ligne 9. Certaines phrases ne sont dites ni par Lili, ni par Monsieur Barnabé. Qui peut les dire ?
2. Avec deux camarades, relisez ce passage : le premier joue Lili, le deuxième Monsieur Barnabé et le troisième le narrateur.

Je donne mon avis
- En France, nous avons des jours fériés en mémoire d'hommes ou d'événements. En connais-tu certains ? Que se passe-t-il ces jours-là ?

J'écris
- Lili est malade. Et toi, as-tu déjà été malade ? Qu'avais-tu ? Que ressentais-tu ?

Recette norvégienne

Biscuits des lutins

- 3 belles pommes à cuire
- 200 grammes de sucre en poudre
- 50 cl de crème liquide
- 200 grammes de petits-beurre

Ustensile : un batteur électrique
Préparation : 45 minutes

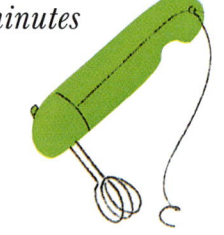

peler :
éplucher.

1 Pèle et épépine les pommes, puis coupe-les en quartiers.

2 Mets-les dans une casserole, avec 150 grammes de sucre, et recouvre-les d'eau.

3 Fais-les cuire jusqu'à ce que les pommes caramélisent (environ 1/4 d'heure).

caraméliser :
se couvrir de caramel.

4 Casse les petits-beurre en morceaux sur une planche à découper, et écrase-les avec un rouleau à pâtisserie.

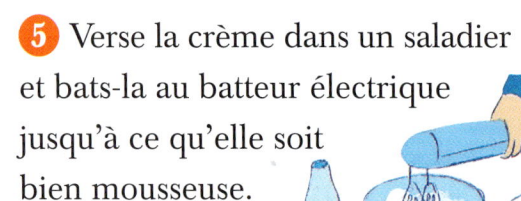

disposer :
placer.

5 Verse la crème dans un saladier et bats-la au batteur électrique jusqu'à ce qu'elle soit bien mousseuse.

6 Ajoute le sucre restant (50 grammes) et mélange.

7 Dans un plat creux ou une terrine, dispose la moitié des pommes, la moitié des biscuits écrasés et la moitié de la crème, et continue avec le reste, dans le même ordre.

être imprégné :
devenir mou et prendre le goût.

8 Mets au réfrigérateur pendant plusieurs heures, pour que les biscuits soient bien imprégnés. (L'idéal est de préparer ce dessert le matin pour le soir, ou même la veille).

Corinne Albaut (texte) et Aurélie Guillerey (illustrations), *Douceurs d'ici, Saveurs d'ailleurs,* © Actes Sud, 2003.

Je comprends

1. De quel type de document s'agit-il ?
2. Qu'est-ce qu'un lutin ?
3. De quoi as-tu besoin pour réaliser cette recette ?
4. À quoi sert un batteur électrique ?
5. Combien de temps les pommes mettent-elles à caraméliser ?
6. Pourquoi doit-on mettre ce dessert au réfrigérateur pendant plusieurs heures ?
7. De quel pays vient cette recette ?

Je découvre les mots du texte

1. Qu'est-ce qui se trouve en haut à gauche de la recette ? et à droite ?
2. De quels autres ustensiles a-t-on besoin ?
3. En connais-tu d'autres ? Lesquels ?
4. **Épépiner** signifie « enlever les pépins ». Cherche quel verbe on utilise pour dire : « enlever un noyau », « enlever les os », « enlever le sel ».

J'observe les phrases du texte

1. Observe la disposition du texte sur la page. Qu'est-ce qui se trouve en haut ? Comment le texte est-il écrit ?
2. À quoi servent les numéros avant chaque phrase ?
3. À quoi servent les dessins ?
4. Relis les huit étapes. Dans chaque phrase, où le verbe est-il placé ?

> Une **recette** comporte le plus souvent :
> – la liste des **ingrédients** ;
> – la liste des ustensiles ;
> – **les étapes** données dans un ordre qu'il faut respecter ;
> – **des dessins** ou **des photographies** pour aider à mieux comprendre.

Je m'exerce à lire et à dire à voix haute

- Lis les phrases des étapes 1 à 4 comme si tu étais un vieux lutin barbu (grosse voix), puis comme si tu étais un jeune lutin (voix aiguë).

Je donne mon avis

1. As-tu envie de goûter cette recette ? Pourquoi ?
2. Aimes-tu cuisiner ? Pourquoi ?

> **J'écris**
> - À deux, faites la liste des ingrédients et des ustensiles nécessaires à la réalisation d'un cocktail de jus de fruits.

Thème 4 – Enfants d'ici, enfants d'ailleurs

Vocabulaire

Les contraires

J'observe
a) Lili est malheureuse. Elle est malade.

b) Lili est heureuse. Elle n'est pas malade.

1. Lis ces phrases. Que remarques-tu ? Quels mots ont changé ?
2. Explique pourquoi le sens de ces phrases est différent.

Je m'exerce

1. Associe deux à deux les mots de sens contraire.
   pair – faux – pauvre – adroit – impair – riche – possible – maladroit – impossible – vrai

2. Recopie ces phrases et remplace le mot en couleur par un mot de sens contraire.
   - Ce paquet est très **léger**.
   - Quelle jolie **petite** fille !
   - Je n'aime pas le chocolat **chaud**.
   - Le linge est **sec**.
   - Il est **malhonnête** !
   - Il **se lève** pour attraper ce papier.

3. Réécris ces phrases en suivant le modèle.
   Je ne suis pas ton **ennemi**. → Je suis ton **ami**.
   - Cette femme n'est pas **belle**. → Cette femme …
   - Clara ne **monte** pas l'escalier. → Clara …
   - Enzo n'est pas **heureux**. → …
   - Sekou n'est pas **gentil** avec sa sœur. → …
   - Cette voiture ne roule pas **vite**. → …
   - Cet enfant n'est pas très **grand**. → …

4. Recopie et complète par des mots de sens contraire en suivant les modèles.

honnête → **mal**honnête	possible → **im**possible	monter → **dé**monter
heureux → …	prévisible → …	peupler → …
aimé → …	pur → …	placer → …
adroit → …	égal → …	bloquer → …
… → malpoli	… → impair	charger → …
… → malchanceux	… → insatisfait	chausser → …

JE RETIENS
- **Propre**/**sale**, **monter**/**descendre** sont des couples de **contraires**.
  Ils permettent de dire le contraire sans utiliser **« ne … pas »** :
  Il **n'**est **pas** riche. → Il est pauvre.   Ce **n'**est **pas** vrai. → C'est faux.
- Certains contraires se construisent en ajoutant une syllabe avant le mot (un **préfixe**) : heureux → **mal**heureux   juste → **in**juste

Projet d'écriture

Écrire une lettre

J'observe

1. À qui cette lettre est-elle adressée ?
2. Comment sait-on qui a écrit la lettre ?
3. Quelles informations sont données en haut à droite ?
4. Quelles questions l'oncle Mody pose à Niéléni ?
5. Pourquoi écrit-il : « **Chère** Niéléni » ? Pourquoi écrit-il : « Je t'embrasse très fort » ?
6. Que pourrait-il écrire à la place de « Je t'embrasse très fort » ?

Moutambi, le 13 juin 2007.

Chère Niéléni,

Il y a bien longtemps que je n'ai pas eu de tes nouvelles. J'espère que, ta mère et toi, vous allez bien. En ville, la vie n'est pas très drôle : il y a beaucoup de bruit et de poussière. Je pense que tu t'amuses plus au village.

Je suis heureux de savoir que tu as appris à lire et à écrire. Raconte-moi donc comment est ton école. Qu'y fais-tu ? As-tu de nouveaux amis ?

Je t'embrasse très fort.

Ton oncle Mody

J'écris une lettre

- Écris la réponse de Niéléni à son oncle Mody.

Des outils pour mieux écrire

- Indique sur ta lettre :
la date – le lieu d'où Niéléni écrit – des formules de politesse (cher, je t'embrasse…) – la signature

- Imagine ce que peut répondre Niéléni aux questions de son oncle sur :
– sa classe : comment est-elle aménagée ?
– ses camarades : combien sont-ils ? combien y a-t-il de filles ? de garçons ?
– le matériel scolaire qu'elle utilise : une ardoise – des craies – des cahiers…

- Termine en posant des questions à l'oncle Mody sur :
sa famille – son travail – sa vie en ville…

À mon tour d'écrire !

✓ N'oublie pas que c'est une école de la campagne africaine. Tu peux retourner à la page 79 observer à nouveau la photographie de l'école malienne.
✓ Mets bien le lieu et la date en haut à droite de ta lettre.
✓ Va à la ligne après le nom de la personne à laquelle tu écris et pense à sauter une ligne entre chaque paragraphe de ta lettre.
✓ N'oublie pas de signer.
✓ Vérifie que tes phrases ont toutes des majuscules et des points.

Quand tu as fini, lis ta lettre à la classe !

Thème 4 – Enfants d'ici, enfants d'ailleurs

Conte

Yatiri et la Fée des Brumes (1)

une contrée : un pays.

un condor : un oiseau d'Amérique du Sud.

un lama : un animal qui vit en Amérique du Sud.

un poncho : un manteau fait d'une couverture.

une prairie : un terrain recouvert d'herbe.

paître : brouter de l'herbe.

Loin, très loin d'ici, dans une contrée peuplée de condors et de lamas, s'étendait une immense plaine. Et là, dans un petit village, vivait un jeune Indien : Yatiri.

Yatiri aimait les ponchos que sa maman tissait avec la laine de leurs lamas,
5 leur verger débordant de mangues, de goyaves et d'oranges, et la grande prairie où paissaient leurs animaux.

Cette année-là, il n'avait pas plu ! Pas un nuage n'avait traversé le ciel, pas une goutte n'était tombée sur la terre. Les arbres ne portaient pas de fruits, les herbes se desséchaient à vue d'œil. Peu à peu, la prairie se transformait
10 en désert !

– La sécheresse est trop grave, annonça le père de Yatiri. Les animaux ne trouvent plus à manger.
– La Fée des Pluies, fille du Génie des Océans, nous a abandonnés ! soupira sa mère. Il va falloir partir d'ici, nous ne pourrons pas survivre
15 dans un désert !

scintiller :
briller.

Partir ? Quitter sa maison, ses chers lamas, ses arbres ? Yatiri se précipita hors de la maison et regarda le ciel. Des milliers d'étoiles scintillaient comme de petites bougies, et la lune le regardait, bienveillante.

– Mère Lune, s'il vous plaît, pourriez-vous faire revenir la Fée des Pluies ?
20 demanda Yatiri.
– Je suis désolée, mon enfant, je ne peux pas t'aider, répondit Mère Lune. La Fée des Pluies est amoureuse du Génie des Forêts, et s'en est allée avec lui. Il ne pleuvra plus ici. Plus jamais…

se lamenter :
se plaindre.

– Mais alors, que pouvons-nous faire ? se lamenta Yatiri.
25 – Écoute ton cœur, répondit Mère Lune, il te guidera !

La gorge serrée, le petit Indien rentra se coucher.

Conte

en quête de quelque chose : à la recherche de quelque chose.

Le lendemain, Yatiri alla marcher dans le désert, en quête d'un signe, d'une idée… Il aperçut soudain un oiseau noir couché sur le sol, immobile. Il s'approcha doucement et découvrit un jeune condor !

30 – Es-tu blessé ? lui demanda Yatiri.
– Je n'arrive pas à me relever, dit le condor, je me suis fait mal à une aile.
– Es-tu tombé du ciel ?
– Oui… J'ai pris mon envol ce matin pour la première fois. Je suis monté si haut que j'ai presque touché le soleil ! Puis j'ai volé vers la plaine, mais un 35 vent violent m'a bousculé – et boum !

– Ne t'en fais pas, le rassura le petit garçon, je vais te soigner. Je m'appelle Yatiri.
– Moi, c'est Alaya.

40 N'écoutant que son cœur, Yatiri porta le jeune condor sur son dos jusqu'au village. Quelques jours plus tard, Alaya était guéri.
– Les messagers du soleil ! s'écria la 45 mère de Yatiri en pointant le ciel du doigt.
Deux condors volaient vers la maison. Le lourd battement de leurs ailes fendait les airs.
50 – Maman ! Papa ! s'écria Alaya. Comment m'avez-vous retrouvé ?
– C'est un lama qui nous a prévenus, expliqua sa maman. Merci, mille fois merci, petit Indien ! Que voudrais-tu 55 pour toi, en retour ?
– Pourriez-vous me conduire auprès du Génie des Océans ? soupira Yatiri. J'aimerais lui demander de faire revenir sa fille, la Fée des Pluies.

Danièle Ball-Simon, *Yatiri et la Fée des Brumes*, © Éditions Albin Michel, 2006.

Je comprends

1. Qui est Yatiri ?
2. Qu'arrive-t-il à la prairie ?
3. Selon la mère de Yatiri, qui est responsable de la sécheresse ?
4. À qui s'adresse Yatiri pour faire revenir la pluie ?
5. Quelle réponse lui donne-t-on ?
6. Comment rencontre-t-il Alaya ?
7. Grâce à qui les parents condors retrouvent-ils Alaya ?
8. Que demande Yatiri comme récompense ?

Je découvre les mots du texte

1. Relis les définitions des mots **lama** et **condor**. Où ces animaux vivent-ils ?
2. Retrouve dans le texte à quoi sert la laine du lama. Que peut-on tisser d'autre avec de la laine ?
3. Relève d'autres mots qui montrent que l'histoire se passe dans un pays lointain.

J'observe les phrases du texte

1. Dans les phrases suivantes, quels sont les mots écrits avec une majuscule ?
   - Le lendemain, Yatiri alla marcher dans le désert.
   - Cette histoire se passe au Chili.
2. **Yatiri** et **Chili** ne sont pas en début de phrase et ont une majuscule. Pourquoi ?

> - Les noms servent à désigner des personnes, des animaux, des choses ou des lieux.
> - Il en existe deux sortes :
>   – **les noms communs**, accompagnés d'un déterminant (le, la, les…) : **le** condor ;
>   – **les noms propres**, qui s'écrivent toujours avec une majuscule (prénoms, noms de famille, de pays, de villes…) : **Y**atiri – le **C**hili.

Je m'exerce à lire et à dire à voix haute

1. Relis le texte de la ligne 27 à la ligne 39. Qui sont les personnages qui parlent ?
2. À quoi servent les trois premières lignes ?
3. À trois, préparez la lecture de ce passage.

Je donne mon avis

1. Au début de l'histoire, pourquoi Yatiri ne veut-il pas quitter sa maison ?
2. Pourquoi dit-on parfois que le temps est **capricieux** ?

J'écris
- Explique pourquoi Yatiri ne veut pas quitter sa maison.

Conte

Yatiri et la Fée des Brumes (2)

Aussitôt, Yatiri se retrouva assis sur le dos du père condor, tandis qu'Alaya s'installait sur celui de sa mère.

En quelques coups d'aile, ils s'élevèrent dans les cieux. Le désert à présent était un immense tapis de sable aux reflets dorés, parsemé d'énormes rochers ronds et lisses.

Les condors se posèrent sur le rivage.
– Génie des Océans ! appela aussitôt Yatiri. Génie des Océans !

D'un coup, des vagues gigantesques se soulevèrent et se fracassèrent sur la plage en écumant. Le petit Indien recula, terrifié.
– Que me veux-tu ? gronda une voix puissante.
– Nous n'avons plus d'eau, expliqua Yatiri. Notre plaine devient un désert. Est-ce que tu pourrais nous ramener ta fille, la Fée des Pluies ?
– Impossible ! répondit le Génie des Océans. Elle est avec son bien-aimé. Je ne peux pas lui demander de revenir. Je n'ai pas le droit de briser son bonheur.

---

parsemé : en partie recouvert.

écumer : faire de la mousse blanche.

à l'aurore :
au lever du soleil.

– Mais les animaux vont tous mourir de faim et de soif ! expliqua Yatiri, désespéré.

– C'est vrai, dit le Génie. Puisque tu as eu le courage de venir jusqu'à moi, je vais te récompenser. Désormais, ma seconde fille viendra vous rendre
20 visite tous les matins à l'aurore. Et maintenant, retourne chez toi.

Le petit Indien remercia le Génie des Océans… sans comprendre ! Une seconde fille ? Comment pourrait-elle leur donner de l'eau ?

Bientôt, les condors déposèrent Yatiri chez lui.

– Au revoir mon petit, lui dit la maman condor, j'espère que ton souhait se
25 réalisera !

– À bientôt Yatiri ! reprit Alaya. Je reviendrai te voir… dès que je saurai voler tout seul !

Conte

les **cieux** : le ciel.

Épuisé, Yatiri s'endormit. Cette nuit-là, il rêva de son désert, immense et doré, de l'océan infini, des vagues… et du puissant battement des ailes de condor qui déchirait le silence des **cieux**. Et tandis qu'il souriait dans son sommeil, là-bas, au loin, un épais manteau de brume se glissa hors de l'océan. Sans bruit…

Il avança dans le désert, lentement. À pas de velours. Et tendrement, il recouvrit la terre d'un nuage de minuscules gouttelettes. Des gouttelettes d'eau !

le **seuil** : l'entrée de la maison.

Au petit matin, lorsque Yatiri se leva, ses parents se tenaient sur le **seuil** de la maison.

– Regarde qui est là : c'est Camanchaca ! La Fée des Brumes ! murmura sa mère.

– Qu'elle est belle ! souffla Yatiri en admirant sa robe scintillante.

– Je dois repartir lorsque le soleil se lève, dit Camanchaca. Mais je reviendrai tous les matins avec mon tapis de gouttelettes.

écarquiller les yeux : ouvrir les yeux très grands.

Lentement, doucement, elle se retira vers l'océan. Le petit Indien **écarquilla les yeux** d'émerveillement : le désert était parsemé de fleurs !

le cœur empli de bonheur : très heureux.

Le cœur empli de bonheur, Yatiri leva les yeux vers le ciel. Trois condors, deux grands et un petit, tournoyaient majestueusement dans les airs.

Danièle Ball-Simon, *Yatiri et la Fée des Brumes*, © Éditions Albin Michel, 2006.

Je comprends
1. Pourquoi Yatiri est-il terrifié ?
2. Que demande-t-il au Génie des Océans ?
3. Quelle solution le Génie propose-t-il à Yatiri ?
4. Que se passe-t-il pendant que Yatiri dort ?
5. D'où les gouttes d'eau viennent-elles ?
6. Comment la mère de Yatiri appelle-t-elle cette brume ?

Je découvre les mots du texte
1. Quelle est la différence entre les mots **gouttes** et **gouttelettes** ?
2. À partir des mots suivants, trouve d'autres mots qui sont composés de la même façon.
   une fille – une malle – une poule – une chanson – un camion – un char
3. Explique les différences qui existent entre les expressions suivantes.
   une averse – une ondée – une pluie torrentielle – un déluge

J'observe les phrases du texte
1. Recopie la phrase suivante et souligne les noms.
   - Désormais, ma seconde fille viendra vous voir tous les matins à l'aurore.
2. Relève les déterminants qui précèdent chaque nom.
3. Dans le groupe de mots suivant, quel mot n'est ni un déterminant ni un nom ?
   - Ma seconde fille.

> Le nom est souvent accompagné d'un ou plusieurs autres mots : c'est **le groupe nominal** (**GN**).
>
> **Ma seconde** fille.
> **Le** condor.

Je m'exerce à lire et à dire à voix haute
1. Relis le texte de la ligne 36 à la ligne 46. Combien de personnages parlent ?
2. À quoi les autres phrases servent-elles ? Qui doit les lire ?
3. À plusieurs, préparez la lecture en vous répartissant les rôles. Combien de lecteurs faut-il ?

Je donne mon avis
1. Penses-tu que ce sont des fées et des génies qui apportent l'eau ? Pourquoi ?
2. Aimerais-tu voler sur le dos d'un condor ? Où voudrais-tu aller ?

J'écris
- La Fée des Pluies revient. Décris ce qu'il se passe pour les animaux, les plantes et Yatiri.

Les sons

Le son [s]
(c, ç, s, sc, ss, t, x)

Je reconnais le son

Épuisé, Yatiri s'endormit. Cette nuit-là, il rêva de son désert, immense et doré, de l'océan infini, des vagues... et du puissant battement des ailes de condor qui déchirait le silence des cieux.

Danièle Ball-Simon, *Yatiri et la Fée des Brumes*,
© Éditions Albin Michel, 2006.

1. Lis cet extrait à voix haute. Combien de fois entends-tu le son [s] ?
2. Dans quels mots ?

Je cherche des mots avec le son

1. Cherche des mots de la famille de 100.
2. Remets les syllabes dans l'ordre pour former trois mots.
   tron – ci / né – ma – ci / pé – tion – o – ra

J'entends le son

1. Construis un tableau à deux colonnes (**J'entends le son [s]** et **Je n'entends pas le son [s]**) et classe les mots suivants.
   le sable – le désert – le champ – le ciel – la cave – le soleil – l'attention – la paresse – dix – la piscine – six – soixante – curieux – le reste – la caisse – la ceinture – l'addition

2. Lis chaque liste de mots et trouve l'intrus. Explique ton choix.

la cerise	le poisson	la police	le sel	la ration	six
la corde	la passion	la cité	la salade	la portion	deux
la racine	le poison	le cinéma	le chat	la partition	dix
la cible	la potion	la colonne	la salle	le bâton	bis

J'écris le son

1. Recopie ces mots et entoure les lettres qui font le son [s]. Quelles lettres as-tu entourées ?
   un cil – le serpent – un cygne – la récréation – un cerf – une sucette – la bosse – descendre – la leçon – la tasse – la salade – l'acrobatie – des ciseaux

2. Recopie les mots suivants et colorie les lettres qui suivent le **c**. Quelles lettres as-tu coloriées ?
   le cercle – le cyprès – le cirage – des céréales – un cintre – bercer – noircir

3. Épelle et recopie ces mots.
   sous – dessus – ça – le garçon – dix – soixante – l'addition – la somme – penser

---

JE RETIENS

- Le son [s] s'écrit le plus souvent :   **s** → le **s**able
  ss (entre 2 voyelles) → ca**ss**er   **c** (devant **e**, **i** et **y**) → **c**ette – le **c**il – le **c**ygne

- Il s'écrit parfois aussi :
  t (devant **ion** et **ie**) → l'addi**t**ion – une acroba**t**ie   **sc** → de**sc**endre
  ç (devant **a**, **o** et **u**) → **ç**a – le gar**ç**on – une ger**ç**ure   **x** → si**x**

Le son [z]
(s, z)

Je reconnais le son

– Nous n'avons plus d'eau, expliqua Yatiri. Notre plaine devient un désert. Est-ce que tu pourrais nous ramener ta fille, la Fée des Pluies ?

– Impossible ! répondit le Génie des Océans. Elle est avec son bien-aimé. Je ne peux pas lui demander de revenir. Je n'ai pas le droit de briser son bonheur.

Danièle Ball-Simon, *Yatiri et la Fée des Brumes*, © Éditions Albin Michel, 2006.

1. Lis cet extrait à voix haute. Combien de fois entends-tu le son [z] ?
2. Dans quels mots ?

Je cherche des mots avec le son

1. Mets les mots suivants au féminin. Que remarques-tu ?
   un vendeur – un chanteur – un voleur – gracieux – un plongeur – un bricoleur

2. Comment s'appellent les habitantes des pays suivants ?
   la France – l'Irlande – la Suède – la Chine – la Tunisie – le Japon – le Sénégal

J'entends le son

1. Lis cette phrase et recopie uniquement les mots dans lesquels tu entends le son [z].
   Dans un zoo, il y a des zèbres, des chimpanzés, des gazelles, des singes, des serpents, des lézards, des bisons, des rhinocéros et des girafes.

2. Recopie ce tableau et classe les mots suivants.
   le sel – le musée – le sirop – la misère – la secousse – la poste – une bise – la bosse – une chose – danser – passer – poser – une rose – le poisson – l'oiseau

Je vois s et j'entends [z]	Je vois s et je n'entends pas [z]

J'écris le son

1. Recopie les mots suivants et colorie les lettres qui entourent la lettre **s**. Que remarques-tu ?
   un baiser – une marquise – raser – la musique – un casier – une frise

2. Recopie les mots suivants et enlève une lettre pour obtenir un mot nouveau.
   visser – casser – une basse – une casse

3. Épelle et recopie ces mots.
   plusieurs – zéro – onze – douze – treize – quatorze – quinze – seize – la maison – la chose – les ciseaux – le raisin – le gaz – le zoo

JE RETIENS

Le son [z] peut s'écrire :

z → le **z**oo   **s** (entre deux voyelles) → la mai**s**on

Thème 5 – L'eau

Documentaire

Pourquoi faut-il

Tous les êtres vivants ont besoin d'eau pour vivre : les hommes, les animaux et les plantes. Mais nous consommons de plus en plus d'eau, et il faut apprendre à l'économiser.

La planète bleue

La plus grande partie de la Terre est recouverte d'eau (mers, océans...) : c'est pour cela qu'on l'appelle « la planète bleue ». Seule une petite partie de cette eau est douce et potable.

La Terre vue du ciel.

Des femmes vont chercher de l'eau.

Le manque d'eau

La France est un pays riche en eau, mais beaucoup de pays, en particulier en Afrique et en Amérique du Sud, manquent d'eau. Il y fait très chaud et il n'y pleut presque jamais. Les femmes et les enfants marchent parfois plusieurs heures pour aller au puits le plus proche.

J'observe

1. Décris chaque photographie.
2. À quoi servent les phrases écrites sous les photographies ? Quelles informations te donnent-elles ?
3. Sur la photographie de la Terre vue du ciel, montre l'eau puis montre les terres.

Je comprends

1. Y a-t-il beaucoup d'eau potable sur Terre ?
2. Que sont obligés de faire les femmes et les enfants dans certains pays pour avoir de l'eau ?
3. Comment font certains habitants du Chili pour récupérer de l'eau potable ?
4. Que peux-tu faire pour gaspiller moins d'eau ?

économiser l'eau ?

Recueillir et économiser l'eau

Pour recueillir et économiser l'eau, des solutions existent. Au Chili, par exemple, des hommes ont eu l'idée de récupérer l'eau des brumes qui viennent de la mer à l'aide de grands filets. Cette technique est aussi utilisée en Afrique.

Un filet à nuages au Chili.

Et toi, que peux-tu faire ?

Pour ne pas épuiser nos réserves d'eau, il faut apprendre à l'économiser. Tu peux faire quelques gestes simples. Par exemple :
- pense à fermer l'eau du robinet pendant que tu te laves les dents ;
- prends des douches plutôt que des bains ;
- recueille l'eau de pluie pour arroser le jardin.

Une enfant qui se brosse les dents.

Je découvre les mots

1. Comment appelle-t-on un endroit où il ne pleut presque jamais ? Trouve des mots de la même famille.
2. Que signifie le mot **potable** ? Trouve un mot qui a le même sens et un mot de sens contraire. Tu peux t'aider d'un dictionnaire.
3. Qu'est-ce que de l'**eau douce** ?

Je donne mon avis

1. Quelle partie du documentaire te fait penser à l'histoire de Yatiri ? Pourquoi ?
2. Connais-tu d'autres choses qu'il faut économiser ou préserver dans la nature ?

Thème 5 – L'eau

Fiche de fabrication

Fabriquer un pluviomètre

Matériel :
- une bouteille en plastique ;
- des ciseaux ;
- un stylo à bille ;
- un double décimètre ;
- du Scotch imperméable ;
- 4 briques.

Avec ce pluviomètre, tu peux relever chaque jour les quantités d'eau tombées et les comparer dans le temps.

1 Couper le haut de la bouteille.

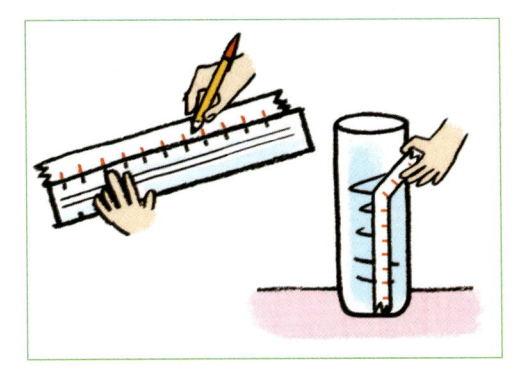

2 Dessiner les graduations en centimètres sur le morceau de Scotch. Le coller verticalement sur la bouteille.

3 Poser le haut de la bouteille comme un entonnoir sur la base de la bouteille.

4 Placer le pluviomètre dehors entre quatre briques. Noter la hauteur de l'eau chaque matin puis vider l'eau.

Je comprends
1. De quel type de document s'agit-il ?
2. À quoi sert un pluviomètre ?
3. Quel matériel faut-il pour le fabriquer ?
4. Comment sais-tu dans quel ordre il faut travailler ?
5. À quoi servent les dessins ?
6. Où faut-il placer le pluviomètre ? Pourquoi ?

Je découvre les mots du texte
1. Quels mots reconnais-tu dans le mot **pluviomètre** ?
2. Que signifie le mot **imperméable** ?
3. Fais une phrase en utilisant le nom commun **un imperméable**.
4. Explique le mot **graduation**. Connais-tu des mots de la même famille ? Lesquels ?

J'observe les phrases du texte
1. Quelle rubrique t'indique de quoi tu as besoin pour faire cet instrument ?
2. Relève les verbes utilisés dans les légendes. Où sont-ils placés dans toutes ces phrases ?
3. Que t'indiquent-ils ?
4. Sont-ils conjugués ou à l'infinitif ?

> Pour pouvoir utiliser une fiche technique, je dois penser à :
> – rassembler **le matériel nécessaire** ;
> – bien lire **les légendes** et bien regarder **les dessins** ;
> – respecter **l'ordre des étapes**.

Je m'exerce à lire et à dire à voix haute
1. Lis les légendes à voix haute.
2. Imagine que tu doives donner ces consignes à toute la classe. Comment les dirais-tu ? Et à l'un de tes camarades ?
3. Si tu voulais raconter à tes parents ce que tu as fabriqué, que dirais-tu ?

Je donne mon avis
1. Aimes-tu fabriquer des objets ? Pourquoi ?
2. Comment peut-on être sûr qu'on a réussi à bien fabriquer le pluviomètre ?

J'écris
- Explique à quoi sert un pluviomètre.

Théâtre

Barbababor

Léo rêve qu'il voyage sur un bateau en compagnie du marin Barbababor. Sur leur route, ils croisent la baleine Babalina.

Barbababor : Babalina, regarde-moi. Tu es toute noire ! Pas étonnant que tu perdes la boule ! C'est bien ce que je pensais : t'es complètement couverte de fioul !

Babalina : Je ne sais pas comment c'est arrivé. Je suivais un gros navire, et je rêvais dans son sillage… Et puis, soudain, tout est devenu très sombre.

Barbababor : Ça devait être un tanker. Quand ils font leur dégazage, la mer déguste à leur passage.

Léo : Un tanker, capitaine ? Qu'est-ce que c'est ?

Barbababor : Les tankers sont de très gros navires, moussaillon. Les plus grands que l'on puisse rencontrer sur les sept mers et les quatre océans. Ils transportent du pétrole ! Et quand l'un d'eux fait naufrage, on a droit à une belle marée noire. Tiens, regarde, il y en a justement un qui passe au large.

Les tankers : Quoi, une marée noire ? Où ça, une marée noire ? Hé ho, ça n'arrive pas tous les jours. C'est rare. C'est même très rare.

– Ben quoi, vous êtes drôles, qu'est-ce que vous feriez sans pétrole, hein, je voudrais bien le savoir !

– Les voitures, c'est grâce à nous ! Le progrès, c'est grâce à nous ! Alors faudrait peut-être pas l'oublier.

– Ouais ! Il n'y a pas de bonheur sans les gars des tankers !

Les tankers passent leur route et *l'Albatras*, chahuté par la vague d'étrave, tangue violemment dans le sillage du lourd pétrolier. Babalina laisse échapper un soupir.

Babalina : Pshhhhh…

Barbababor : Babalina, laisse-moi te nettoyer. Voilà, tu n'y vois pas mieux comme ça ? Babalina, tu es toute bizarre…

Babalina : Je ne me sens pas bien. Pscchhhhh… Je crois que je suis malade.

Barbababor : Léo, va chercher la boîte à pharmacie. Sous la banquette, dans la timonerie. Dépêche-toi, moussaillon, je crois que Babalina délire.

François Place, *Barbababor, Histoire en chansons*,
© Éditions Thierry Magnier, 1980.

---

perdre la boule : devenir fou.

le sillage : la trace que laisse le bateau dans l'eau.

dégazer : enlever le gaz qui se trouve dans le pétrole et s'en débarrasser.

une marée noire : la pollution de l'eau par du carburant qui rend la mer noire.

la vague d'étrave : la vague qui se forme à l'avant du bateau.

la timonerie : l'endroit où sont toutes les commandes du bateau.

Je comprends

1. Qui sont les personnages de cette histoire ?
2. Qu'est-il arrivé à Babalina ?
3. Pourquoi tout est-il devenu sombre (lignes 5-6) ?
4. Qu'est-ce qu'un tanker ?
5. Que disent les tankers ?
6. Pourquoi Babalina est-elle malade ?

Je découvre les mots du texte

1. Relève dans le texte les mots qui désignent des bateaux. En connais-tu d'autres ? Lesquels ?
2. Dans la phrase suivante, quel est le sens du verbe **déguster** ?
    - La mer **déguste** à leur passage.
3. Connais-tu d'autres sens du mot **déguster** ? Lesquels ?

J'observe les phrases du texte

1. Dans les phrases suivantes, relève les groupes nominaux.
    - Les tankers sont de très gros navires.
    - Les tankers passent leur route.
2. Réécris ces phrases en commençant par :
   Un tanker… .
3. Que remarques-tu ?

> - Le déterminant t'indique **le genre** (féminin ou masculin) et **le nombre** (singulier ou pluriel) du groupe nominal.
>   un navire → GN masculin singulier
>   des navires → GN masculin pluriel
>   cette baleine → GN féminin singulier
>   ces baleines → GN féminin pluriel
> - **Au pluriel**, les noms se terminent le plus souvent par un **s**.

Je m'exerce à lire et à dire à voix haute

1. Relis ce que disent les tankers (lignes 14 à 20). Sur quel ton parlent-ils ?
2. Babalina est malade. Comment parle-t-elle ? À deux, relisez la fin du texte (à partir de la ligne 25).
3. Répartissez-vous les rôles et jouez ce texte comme une scène de théâtre.

Je donne mon avis

1. Qu'est-ce qui est possible dans cette histoire ? Qu'est-ce qui est impossible ?
2. As-tu déjà entendu parler de marées noires ? Raconte.

J'écris

- Léo ne sait pas ce qu'est une marée noire. Imagine que tu es Barbababor et explique-lui ce que c'est. Attention ! Respecte bien la présentation d'une réplique de théâtre !

Thème 5 – L'eau

Vocabulaire

Les synonymes

J'observe

a) Je suivais un gros **navire** et je rêvais dans son **sillage**... Et puis, soudain, tout est devenu très **sombre**.

b) Je suivais un gros **bateau** et je rêvais dans son **sillage**... Et puis, soudain, tout est devenu très **obscur**.

1. Lis les deux textes. Que remarques-tu ?
2. Le sens des phrases a-t-il changé ?
3. Recopie deux par deux les mots qui ont le même sens.

Je m'exerce

1. Dans chaque série, associe deux à deux les mots qui ont le même sens.
   - une histoire – un vélo – une automobile – un récit – une bicyclette – une voiture
   - beau – calme – joyeux – épouvantable – tranquille – joli – gai – horrible
   - finir – débuter – terminer – parler – étonner – commencer – bavarder – surprendre

2. Recopie et entoure l'intrus dans chaque série. Explique ton choix.

joyeux	regarder	battre	s'enfuir
gai	sentir	frapper	se sauver
énervé	observer	taper	revenir
drôle	voir	jeter	s'échapper

3. Recopie ces phrases et remplace le mot en couleur par un mot qui a le même sens. Tu peux t'aider d'un dictionnaire.
   - Mon voisin est très **vieux** ; il a du mal à marcher.
   - Le lion est un animal **féroce**.
   - Le vautour **s'élève** au-dessus de la plaine.
   - La réunion **s'achèvera** tard dans la soirée.
   - Max est content : il vient de manger une **bonne** glace.
   - Cet automne, nous avons **ramassé** beaucoup de champignons.

4. Recopie ces phrases et remplace le verbe **faire** par un autre verbe qui a le même sens.
   - Après le dîner, papa fait la vaisselle.
   - Jules m'a fait un cadeau.
   - Cet artisan fait des jouets en bois.

5. Recopie ce texte et remplace les mots en couleur par des mots qui ont le même sens.
   La maîtresse **redit** la consigne et précise : « Prenez vos cahiers de brouillon et écrivez au crayon pour pouvoir **effacer** si vous faites une **faute**. »

JE RETIENS

Les **synonymes** sont des mots qui ont le même sens ou un sens proche. Ils sont parfois utiles pour éviter les **répétitions**.

vieux – âgé   **répéter – redire**

Projet d'écriture

Écrire une fiche de fabrication

J'observe

1. De quel type de document s'agit-il ?
2. Combien de vignettes comptes-tu ?
3. À quoi correspond chaque vignette ?
4. Compare ce document avec la fiche du pluviomètre page 100. Que manque-t-il ?

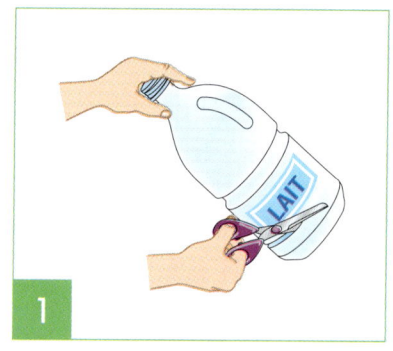

J'écris une fiche de fabrication

- Écris la fiche technique pour fabriquer cette lunette pour voir sous l'eau.

Des outils pour t'aider

- **Cherche un titre pour ta fiche de fabrication :**
Comment fabriquer une lunette pour voir sous l'eau ? – Fabriquer une lunette pour voir sous l'eau…

- **Utilise des mots pour décrire le matériel :**
une bouteille – des ciseaux – un bouchon – de la colle – le couvercle de boîte de CD…

- **Choisis des verbes pour décrire les actions à faire :**
découper – coller – appuyer – sécher…

À mon tour d'écrire !

✓ Pense à la manière de placer les informations sur ta fiche.
✓ Écris la liste du matériel.
✓ Dessine ou décalque chaque étape d'après les dessins ci-dessus.
✓ Écris la légende qui correspond à chaque vignette, en commençant par un verbe à l'infinitif.
✓ N'oublie pas le titre !
✓ Vérifie que tes phrases commencent par une majuscule et se terminent par un point.

Donne cette fiche à un élève d'une autre classe pour voir s'il peut réaliser cet instrument !

Thème 5 – L'eau

Poésie

Poisson

Les poissons, les nageurs, les bateaux
Transforment l'eau.
L'eau est douce et ne bouge
Que pour ce qui la touche.

Le poisson avance
Comme un doigt dans un gant,
Le nageur danse lentement
Et la voile respire.

Mais l'eau douce bouge
Pour ce qui la touche,
Pour le poisson, pour le nageur, pour le bateau
Qu'elle porte
Et qu'elle emporte.

Paul Eluard, *Les Animaux et les Hommes, les Hommes et les Animaux*,
recueilli dans *Œuvres complètes*, tome I,
« Bibliothèque de la Pléiade », © Éditions Gallimard.

Giboulées

La pluie éparpille un bouquet
De perles tièdes et légères.
On entend chanter les bergères
Et les oiseaux dans les bosquets.

Le soleil joue à cache-cache
Avec les gros nuages gris.
Les moutons blancs, les veaux, les vaches,
Dans les prés semblent tout surpris.

Et voici que parmi l'ondée,
Comme du fond d'un vrai pastel,
On voit monter, arche irisée,
Le pont joyeux d'un arc-en-ciel.

Raymond Richard, *À petits pas*, éditions du Cep beaujolais,
avec l'aimable autorisation de Mme Andrée Richard.

La mythologie

MAXI DÉBAT

Qu'est-ce qu'un héros ?

Récit	« Les aventures d'Ulysse », Thérèse de Chérisey et Vanessa Henriette	pp. 108 à 119
Documentaire	Les habitants du mont Olympe	pp. 122-123
Article	Achille	pp. 124-125
Récit	« Le lion de Némée », Thérèse de Chérisey et Vanessa Henriette	pp. 126-127
Poésie	« Heureux qui comme Ulysse », Henri Colpi	p. 130

Récit

Les aventures d'Ulysse (1)

Suite à l'enlèvement d'Hélène, une reine grecque, par un prince venu de la ville de Troie, tous les rois grecs partent en guerre contre Troie. Ulysse, roi d'Ithaque, est l'un d'entre eux. Après des années de bataille, les Grecs remportent finalement la victoire grâce à une ruse : ils se cachent dans un grand cheval en bois pour rentrer dans la ville. Ulysse reprend ensuite la mer avec son armée pour retourner chez lui. Mais sur le chemin, l'attendent bien des aventures…

L'effroyable Cyclope

Sitôt débarqués, les marins tuent quelques chèvres sauvages qu'ils font cuire à la broche. Puis chacun s'étend sur la plage. Ulysse a du mal à s'endormir : au sommet de l'île, il a vu gesticuler une silhouette gigantesque, plus haute qu'une montagne… Quand le jour se lève, il ne peut résister à sa curiosité : « Restez près des navires ! dit-il à ses marins. Moi, je pars, avec les douze plus braves d'entre vous, escalader ces rochers, là-bas. Je veux savoir si les habitants de cette île sont des hommes comme nous, ou des sauvages sans foi ni loi qui méprisent les dieux. »

Emportant une outre de vin fort, la petite troupe grimpe jusqu'à une immense caverne perchée tout en hauteur. Ulysse y entre le premier puis ressort. « Venez voir tous ces fromages, ces jarres de lait et ces agneaux ! C'est sans doute un berger qui habite ici. » Ses compagnons le suivent et, dans la grotte, les hommes commencent à goûter les fromages… Ulysse se prépare à porter un morceau à sa bouche quand soudain, un pas terrible fait trembler le sol.

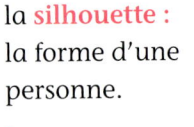

---

la **silhouette** :
la forme d'une personne.

brave :
courageux.

sans foi ni loi :
qui se moque de tout.

mépriser :
ne pas respecter.

une **outre** :
un sac en peau.

une **jarre** :
un grand vase.

À l'entrée de la caverne surgit un géant plus haut qu'une montagne. Son visage est affreux, sa bouche énorme, et il n'a qu'un œil au milieu du front. C'est le Cyclope Polyphème ! Terrorisés, les hommes se réfugient tout au
20 fond de la caverne. Le Cyclope pousse son troupeau de moutons à l'intérieur puis bascule un énorme rocher pour refermer l'entrée. « Malheur ! Nous voilà prisonniers ! » songe Ulysse terrifié.

être tapi dans un recoin : être caché dans un coin.

tonitruante : bruyante, forte.

l'hospitalité : le bon accueil d'un étranger.

Le Cyclope trait ses brebis. Soudain, il aperçoit les petits hommes tapis dans un recoin. « Rhhaa… ! rugit-il, en les fixant de son œil terrifiant. Qui
25 êtes-vous ? » Sa voix tonitruante glace les hommes de peur. « Nous sommes des Grecs qui revenons de Troie, répond Ulysse, mais les dieux nous ont perdus. Je t'en supplie, ne nous fais pas de mal. Au nom de Zeus, accueille-nous selon les lois de l'hospitalité ! »

Le Cyclope éclate d'un rire cruel : « Pauvre sot ! Les Cyclopes se moquent
30 bien des dieux. Ce n'est pas la peur de Zeus qui m'empêchera de vous tuer si j'en ai envie ! » À ces mots, le Cyclope tend la main et empoigne deux hommes d'un coup. Crac ! Il leur fracasse le crâne sur le sol et les dévore. Là-dessus, il engloutit un plein seau de lait et, rassasié, il s'écroule et s'endort. Ulysse sort son épée.

être rassasié : avoir bien mangé et n'avoir plus faim.

Thème 6 – La mythologie

Récit

35 Au moment de frapper, une pensée le retient : « Si je le tue maintenant, nous serons pris au piège. Vingt chevaux ne suffiraient pas pour déplacer ce rocher qui bouche la caverne… »

Le lendemain matin, pour son petit déjeuner, le Cyclope avale deux autres Grecs, puis il sort avec ses moutons. Hélas, il remet si vite le rocher
40 en place qu'Ulysse et ses compagnons n'ont pas le temps de se glisser dehors. Les prisonniers sont désespérés. Ulysse, lui, médite une ruse… Après avoir trouvé un énorme pieu, il taille bien sa pointe puis le cache sous le fumier.

méditer : réfléchir à.

un pieu : un morceau de bois pointu.

Le soir venu, alors que le monstrueux Cyclope vient de dévorer deux
45 autres hommes, Ulysse s'approche et lui offre une coupe du vin fort qu'il a emporté : « Tiens, Cyclope, goûte ce vin délicieux que j'avais apporté en cadeau. » Polyphème trouve le vin si bon qu'il en redemande : « J'aime ce breuvage, petit bonhomme ! Dis-moi ton nom que je te fasse à mon tour un cadeau. »

un breuvage : une boisson.

50 « Je m'appelle Personne », répond Ulysse le rusé en lui versant du vin. « Curieux nom, dit le Cyclope. Allez, donne-moi encore à boire… » Après plusieurs rasades, le Cyclope, ivre, déclare : « Pour te… te… remercier de ce breuvage, hic ! Je… je… mange…rai Pe… Pe… Personne… en… dernier. Voilà, hic ! le ca… ca… cadeau
55 que je te fais ! » Puis il tombe à la renverse et s'endort en rotant.

une rasade : une gorgée.

« Allons-y ! » lance Ulysse. Rassemblant leur courage, deux de ses compagnons saisissent avec
60 lui l'énorme pieu. Ils font chauffer sa pointe dans la braise, puis escaladant le gigantesque dormeur, ils enfoncent le pieu brûlant dans l'œil unique du Cyclope.

la braise : des morceaux de bois brûlés et encore chauds.

D'après Thérèse de Chérisey et Vanessa Henriette,
Mon Premier Larousse des légendes de la mythologie,
© Larousse, 2005.

Je comprends
1. Où Ulysse et ses compagnons débarquent-ils ?
2. Qui habite à cet endroit ?
3. Qui est Polyphème ? Quel est son métier ?
4. Pourquoi Ulysse ne tue-t-il pas Polyphème avec son épée ?
5. Que lui donne-t-il à boire ?
6. Comment Ulysse dit-il qu'il s'appelle au Cyclope ?
7. Que font Ulysse et ses hommes avec le pieu ?

Je découvre les mots du texte
1. Relis le texte de la ligne 17 à la ligne 28 et relève les mots qui montrent qu'Ulysse et ses hommes ont peur.
2. Trouve d'autres mots ou expressions pour dire que l'on a très peur.

J'observe les phrases du texte
1. Dans les phrases suivantes, quel est le mot que l'on retrouve ?
   - Ulysse a vu gesticuler une silhouette gigantesque.
   - Ils escaladent le gigantesque dormeur.
2. De qui parle ce mot ?
3. Peux-tu dire ces phrases en enlevant ce mot ? À quoi sert-il ?
4. Redis ces phrases en remplaçant ce mot par un autre.

> Dans le groupe nominal, le mot qui donne un renseignement sur le nom est appelé **un adjectif qualificatif**. Il peut se placer **avant ou après le nom**.
>
> Une silhouette **gigantesque**.
> Le **gigantesque** dormeur.

Je m'exerce à lire et à dire à voix haute
1. Lis ce que dit le Cyclope lignes 52 à 55. Dans quel état est-il ?
2. À quoi servent les guillemets (« ») ?
3. Qu'y a-t-il d'inhabituel dans sa façon de parler ?
4. Relis ces phrases comme si tu étais Polyphème.

Je donne mon avis
- Comment Ulysse et ses hommes vont-ils pouvoir sortir de la caverne ?

J'écris
- Imagine qu'un autre monstre arrive dans la caverne. Décris-le afin de faire peur au lecteur.

Récit

Les aventures d'Ulysse (2)

Polyphème se redresse d'un bond, rugissant de douleur. Alertés par ses cris, les autres Cyclopes de l'île accourent : « Que t'arrive-t-il, Polyphème ? Qui t'a fait du mal ? » demandent-ils. « Personne, hurle Polyphème du fond de sa caverne. C'est Personne. » « Si personne ne te fait de mal, cesse de nous réveiller pour rien ! » grommellent les Cyclopes en s'éloignant.

Torturé de douleur, désormais aveugle, le géant se déplace à tâtons pour enlever le rocher qui bouchait la sortie. Puis il s'assied devant la porte les bras tendus pour attraper au passage les Grecs qui tenteraient de fuir. Comment s'échapper ? se demande Ulysse qui imagine une nouvelle ruse. Il attache les moutons trois par trois et chacun de ses hommes sous celui du milieu. Lui-même s'agrippe sous le ventre du plus gros des béliers, à la toison épaisse. À mesure que les moutons franchissent la porte, Polyphème palpe soigneusement leur dos pour éviter que ces maudits hommes ne s'échappent avec eux, mais le Cyclope ne devine pas qu'ils sont cachés sous leur ventre.

Ouf ! Sauvés ! Les Grecs dévalent la montagne pour regagner leur navire. À peine éloigné du rivage, Ulysse ne résiste pas à l'envie de crier sa victoire : « Si tu veux savoir qui t'a rendu aveugle, Cyclope, sache que c'est Ulysse, roi d'Ithaque et vainqueur de Troie ! » Fou furieux, le géant empoigne un énorme rocher et le jette en direction d'Ulysse. Heureusement, le projectile tombe à côté du navire et ne provoque pas de dégâts. Alors, le Cyclope s'adresse à son père Poséidon, le puissant dieu de la Mer : « Père, venge-moi d'Ulysse ! » Poséidon, qui entend sa prière, va employer tous les moyens pour empêcher Ulysse de rentrer à Ithaque…

rugir : pousser un cri comme un lion.

grommeler : montrer qu'on n'est pas content en grognant à voix basse.

désormais : à partir de maintenant.

à tâtons : toucher sans voir.

la toison : la fourrure.

palper : toucher.

dévaler : descendre en courant.

le rivage : la bande de terre qui longe la mer.

un projectile : un objet qu'on lance.

Circé la magicienne

La flotte d'Ulysse aborde ensuite l'île des Lestrygons : ces géants cannibales font un horrible carnage ! Ulysse ne peut sauver qu'un seul de ses
navires. Aussi, lors de l'escale suivante, Ulysse est-il devenu très méfiant.
Il envoie une partie de ses hommes en reconnaissance dans l'île pendant
que les autres gardent le bateau.

Les éclaireurs marchent longtemps avant d'apercevoir un palais au fond
d'un vallon. À la vue des fauves qui le gardent, ils sont pris de frayeur et
tirent leur épée. Mais, curieusement, au lieu de bondir sur les hommes, les
lions et les loups se frottent à eux pour obtenir des caresses. Une femme
divine apparaît alors à la porte du palais : « Je suis Circé, dit-elle. Entrez !
Vous devez avoir soif. » Sa voix est charmante, sa beauté envoûtante ! Les
hommes la suivent. Elle les invite à s'asseoir puis leur verse du vin mêlé
de miel qui contient un philtre d'oubli. Ils boivent avec plaisir, se mettent
à chanter et à rire. Soudain, d'un coup de baguette, elle les métamorphose
en cochons…

---

une flotte : un groupe de bateaux.
des cannibales : des hommes qui mangent d'autres hommes.
un carnage : un massacre.
une escale : une étape, un arrêt.
un vallon : une petite vallée.
envoûtante : captivante.
un philtre : une boisson magique.

Récit

50 Inquiet de ne pas voir revenir les éclaireurs, Ulysse s'enfonce à son tour dans l'île. Il approche du palais quand surgit devant lui un jeune homme portant une baguette d'or. C'est Hermès, le dieu rusé : « Où vas-tu malheureux ? 55 lui dit-il. Ne sais-tu pas qu'ici règne Circé, la déesse magicienne ? Pour garder les hommes auprès d'elle, elle les transforme en bêtes. Elle a changé tes compagnons en porcs et te chan-60 gera à ton tour en cochon ! Moi seul peux te sauver. Prends cette herbe de vie qui te protégera contre les sortilèges de Circé. »

Ulysse avale le contrepoison puis se rend au palais de la magicienne. L'air de rien, il boit le breuvage que Circé lui sert dans une coupe d'or. Mais quand elle le frappe de sa baguette, au lieu de se transformer en cochon, Ulysse tire 65 son épée et bondit sur la déesse comme pour la tuer. Aussitôt, elle comprend : « C'est donc toi Ulysse, celui dont Hermès m'avait annoncé la venue, toi dont il m'avait dit que tu résisterais à mes enchantements... Reste dans mon palais et nous vivrons d'amour ! » « Circé, comment oses-tu me parler d'amour alors que tu as changé mes compagnons en porcs ! Délivre-70 les d'abord et jure de ne plus faire usage de tes maléfices ! » Circé jure par le serment des dieux. Puis, elle entraîne Ulysse dans la porcherie où il découvre avec stupeur ses compagnons : transformés en porcs, ils mangent des glands. Circé enduit le corps de chacun d'un onguent magique : aussitôt, les cochons redeviennent des hommes plus jeunes et plus beaux qu'avant !

75 Une fois la méfiance tombée, tous les compagnons d'Ulysse viennent goûter aux délices du palais de Circé tandis que l'enchanteresse séduit le bel Ulysse. Une année s'écoule dans ce lieu idyllique. Un beau jour, Ulysse décide cependant de repartir. Circé lui indique le chemin à suivre et la manière d'éviter les périls.

D'après Thérèse de Chérisey et Vanessa Henriette,
Mon Premier Larousse des légendes de la mythologie, © Larousse, 2005.

---

un **sortilège** : un sort.

un **maléfice** : un mauvais sort.

un **serment** : une promesse.

la **stupeur** : le grand étonnement.

un **onguent** : une pommade pour soigner.

un **lieu idyllique** : un endroit paradisiaque.

un **péril** : un danger.

Je comprends
1. Qui entend les cris de Polyphème ?
2. Pourquoi les autres Cyclopes repartent-ils sans aider Polyphème ?
3. Comment Ulysse et ses hommes réussissent-ils à sortir de la caverne ?
4. Qui est Circé ?
5. En quoi les hommes d'Ulysse sont-ils transformés ?
6. Qui prévient Ulysse du danger ?
7. Pourquoi Circé transforme-t-elle les hommes en animaux ?
8. Que veut Circé en échange de la libération des hommes d'Ulysse ?

J'apprends des mots nouveaux
1. Circé est une **magicienne**. Trouve dans le texte les autres mots qui la désignent (lignes 49 à 79).
2. Relève de la ligne 62 à la ligne 74 tous les mots qui parlent de magie.
3. En connais-tu d'autres ? Lesquels ?

J'observe les phrases du texte
1. Dans la phrase suivante, relève le nom et l'adjectif dans le groupe nominal en couleur.
   - Alors, le Cyclope s'adresse à son père Poséidon, le puissant dieu de la Mer.
2. Remplace le nom par **déesse**. Que se passe-t-il pour l'adjectif ?
3. Mets ce groupe nominal au pluriel. Que remarques-tu ?

> Dans un groupe nominal, **l'adjectif s'accorde avec le nom en genre et en nombre**.
>
> Un dieu puissant. → masculin, singulier
> Une déess**e** puissant**e**. → féminin, singulier
> Des dieu**x** puissant**s**. → masculin, pluriel
> Des déess**es** puissant**es**. → féminin, pluriel

Je m'exerce à lire et à dire à voix haute
1. Observe le texte de la ligne 1 à la ligne 5. Quels sont les signes de ponctuation ?
2. Relis ce passage. Attention à bien marquer les arrêts et à monter ou baisser la voix selon la ponctuation !

Je donne mon avis
1. De quels autres maléfices pourrait se servir Circé contre Ulysse et ses hommes ?
2. Pourquoi la magicienne Circé veut-elle garder les hommes transformés en animaux auprès d'elle ?

J'écris
- Écris la recette de la potion que Circé peut fabriquer pour retransformer les cochons en hommes plus jeunes et plus beaux.

Thème 6 – La mythologie

Récit

Les aventures d'Ulysse (3)

Le retour à Ithaque

Après bien des épreuves encore, Ulysse échoue sur une plage noyée dans le brouillard. « Où suis-je ? » se demande-t-il avec inquiétude. Soudain apparaît une femme aux yeux couleur de mer. C'est Athéna, la déesse de la Sagesse : « Ulysse, te voilà enfin à Ithaque ! dit-elle. Mais la partie n'est pas gagnée. Depuis vingt ans que tu es absent, presque tout le monde te croit mort. Les nobles n'ont qu'une idée : épouser ta femme et devenir roi à ta place. En attendant qu'elle se décide à choisir l'un d'eux, ces prétendants se sont installés sans gêne dans ton palais : ils passent leur temps à festoyer en pillant tes richesses. »

Ulysse sent la colère monter en lui. « Pénélope, qui espère toujours ton retour, multiplie les ruses pour les repousser. Elle a longtemps prétendu qu'elle ne pouvait pas se marier avant d'avoir fini de tisser une sublime toile. Chaque jour, elle tissait, mais la nuit elle défaisait son travail. Une servante vient de révéler la vérité. Les prétendants exaspérés exigent qu'elle prenne une décision aujourd'hui même. » « Je cours la sauver ! » s'exclame alors Ulysse. « Pas si vite ! l'arrête Athéna. S'ils te reconnaissent, les prétendants te tueront ! Voici mon plan : déguisé en mendiant, tu iras dans la cabane d'Eumée, le porcher. J'y enverrai ton fils Télémaque. »

Télémaque retrouve son père

Un peu plus tard, Ulysse, déguisé en mendiant, est assis aux côtés du porcher, quand arrive un beau jeune homme. « Cher prince Télémaque, vous êtes enfin de retour ? » « Oui, Eumée, je te raconterai mon voyage, mais cours d'abord prévenir ma mère qu'elle ne s'inquiète plus. » Dès qu'Eumée est sorti, Ulysse se lève.

Tout à coup, ce n'est plus un vieux mendiant, mais un homme superbe. Invisible, Athéna lui a rendu son apparence. « Es-tu dieu, pour changer ainsi de visage ? » s'écrie Télémaque, stupéfait. « Non, mon fils, c'est moi, Ulysse, ton père ! Athéna m'a déguisé. Je suis venu te demander ton aide pour vaincre les prétendants. Mais je t'en prie, pour le moment, ne dis rien à personne ! »

échouer : arriver sur la côte et être immobilisé sans l'avoir voulu.

un prétendant : un homme qui souhaite épouser une femme.

festoyer : faire un bon repas, un festin.

piller : voler.

exiger : réclamer.

un porcher : quelqu'un qui s'occupe des porcs.

Émus aux larmes, le père et le fils s'embrassent. Puis tous deux mettent au point leur plan de vengeance. Télémaque va rentrer au palais comme si de rien n'était…

L'arrivée au palais

Conduit par Eumée, Ulysse se rend un peu plus tard au palais sous son aspect de vieux mendiant. Au passage, un chien le flaire et pousse un **jappement** de joie, avant de s'écrouler, mort d'émotion. Ulysse essuie une larme : Argos, son chien fidèle l'a donc reconnu !

Lorsque le mendiant entre dans la grande salle, les prétendants sont en train de festoyer. Télémaque lui fait donner du pain et de la viande, puis l'invite à **quêter** autour de la table. Certains donnent quelques miettes au pauvre homme, d'autres l'insultent, l'un d'eux lui jette même un tabouret à la tête…

Apprenant que l'on a frappé un mendiant sous son toit, Pénélope est horrifiée. Elle fait appeler le vieillard. Très ému, Ulysse reconnaît sa femme, toujours aussi belle. Mais il veille à rester dans la **pénombre** et à déguiser sa voix pour qu'elle ne le reconnaisse pas encore. Quand elle lui demande d'où il vient, Ulysse invente une histoire au cours de laquelle il lui raconte qu'il a croisé le glorieux Ulysse et que celui-ci devrait bientôt revenir à Ithaque. « J'aimerais tant que tu dises vrai, murmure Pénélope le **visage baigné de larmes**, je l'attends depuis si longtemps ! »

---

un jappement : un aboiement.

quêter : demander de l'argent ou de la nourriture.

la pénombre : l'obscurité.

le visage baigné de larmes : en pleurs.

Récit

les bains : le lieu où on se lavait dans l'Antiquité.

À la demande de Pénélope, une vieille servante entraîne le mendiant vers les bains pour l'aider à se laver. En apercevant une cicatrice sur la jambe
55 du vieillard, elle pousse un cri : « C'est toi, Ulysse, je te reconnais ! Tu ne peux pas tromper ta vieille nourrice. Cette blessure… C'est un sanglier qui te l'a faite quand tu étais enfant. Je m'en souviens comme si c'était hier ! » Ulysse la serre tendrement dans ses bras et lui fait jurer le silence.

Le massacre des prétendants

60 Le lendemain, Pénélope, sur les conseils d'Athéna, décide de lancer un concours. Dans la grande salle, un immense arc à la main, elle s'adresse aux prétendants : « Écoutez-moi : j'ai décidé d'épouser celui d'entre vous qui réussira à tendre l'arc d'Ulysse et à traverser d'une seule flèche douze haches alignées. » L'un après l'autre, chacun des prétendants tente sa
65 chance. Pas un ne réussit à bander l'arc d'Ulysse. Le vieux mendiant voûté s'avance alors pour essayer. Les prétendants hurlent de rire : « Ha ! Ha ! Ha ! Regardez un peu ce vieux fou, qui tient à peine sur ses jambes, et qui voudrait épouser une reine ! » « N'offensez pas notre hôte, s'écrie Pénélope. Dites plutôt que vous craignez la honte d'être vaincus ! Laissez
70 faire cet homme ! » Puis elle regagne ses appartements tandis que Télémaque verrouille discrètement les portes de la salle.

bander un arc : tendre la corde d'un arc pour tirer une flèche.

craindre : avoir peur.

verrouiller : fermer à clé.

Alors le faux mendiant prend l'arc, tend la corde sans la moindre peine et tire une flèche qui traverse les douze haches.
75 L'assemblée est muette de stupeur. Mais sans attendre, Ulysse tire une autre flèche et tue l'un des prétendants. Aussitôt, il retrouve son apparence et s'écrie : « Oui, Ulysse est bien de retour ! Pour
80 vous, traîtres, qui avez pillé ma maison et harcelé ma femme, il est temps de payer ! » Aidé par Télémaque et la puissance des dieux, il les massacre tous.

harceler : attaquer sans arrêt.

D'après Thérèse de Chérisey et Vanessa Henriette,
Mon Premier Larousse des légendes de la mythologie,
© Larousse, 2005.

Je comprends
1. Sur quelle île Ulysse est-il arrivé ?
2. Combien de temps est-il parti de chez lui ?
3. Comment s'appelle l'épouse d'Ulysse ?
4. Quelle ruse a-t-elle utilisée pour ne pas choisir un nouveau mari en l'absence d'Ulysse ?
5. Pourquoi Ulysse doit-il se déguiser ?
6. Qui est Télémaque ?
7. Qui reconnaît Ulysse ?
8. Que doit réussir à faire celui que Pénélope épousera ?
9. Qui gagne le concours ?

Je découvre les mots du texte
1. Explique ce qu'est une **nourrice**.
2. Connais-tu d'autres mots de la même famille ? Lesquels ?
3. Pénélope tisse une toile **sublime**. Trouve d'autres adjectifs pour dire la même chose.

J'observe les phrases du texte
1. Lis les phrases suivantes.
   - Ulysse reconnaît sa femme. Mais il veille à rester dans la pénombre.
2. Qui reconnaît sa femme ?
   Qui reste dans la pénombre ?
3. Qui est remplacé par le mot **il** ? Pourquoi ?

> Pour éviter de répéter le sujet d'une phrase, tu peux le remplacer par **un pronom de conjugaison** (il, elle, on, ils, elles, nous, vous).
>
> **Les prétendants** ont pillé le palais. **Ils** sont massacrés par Ulysse.
>
> **Pénélope** tisse une sublime toile. **Elle** la défait la nuit.

Je m'exerce à lire et à dire à voix haute
1. Relis les paroles de Pénélope lignes 51-52, 62-64 et 68-70. Quel ton utilise-t-elle à chaque fois ?
2. Entraîne-toi à les dire avec le ton qui convient.

Je donne mon avis
1. Ulysse avait-il besoin de tuer tous les prétendants ?
2. Ulysse est-il un héros comme tu l'imagines ? Pourquoi ?

J'écris
- Pénélope épousera le gagnant d'une épreuve. Imagine et décris quelle autre épreuve elle pourrait proposer aux prétendants.

Thème 6 – La mythologie

Les sons

Le son [k]
(c, cc, ch, k, qu)

Je reconnais le son

Sitôt débarqués, les marins tuent quelques chèvres sauvages qu'ils font cuire à la broche.

Thérèse de Chérisey et Vanessa Henriette,
Mon Premier Larousse des légendes de la mythologie,
© Larousse, 2005.

1. Lis cette phrase à voix haute. Combien de fois entends-tu le son [k] ?
2. Dans quels mots ?

Je cherche des mots avec le son

1. Cherche tous les noms de moyens de transport que tu connais et qui contiennent le son [k].

2. Retrouve les trois mots dont les syllabes se sont mélangées.
   bu – vo – laire – ca / com – bre – con / que – co – li – cot

J'entends le son

1. Recopie uniquement les mots dans lesquels tu entends le son [k].
   un cyclope – escalader – un rocher – une caverne – délicieux – un sanglier – gigantesque – une bouche – une coupe – chacun – une chorale – aperçoit

2. Lis chaque liste de mots et trouve l'intrus. Explique ton choix.

une caverne	un décor	un chronomètre	une claque	un bec
une cabane	un cinéma	une chorale	une blague	cinq
une place	un record	un orchestre	une question	un coq
un placard	une école	une chose	cinquante	un banc

J'écris le son

1. Recopie ces phrases et entoure les lettres qui font le son [k].
   • La sorcière éclate d'un rire cruel.
   • Cette équipe de basket-ball est invaincue.
   • Chloé a vite compris comment fonctionne ce jeu d'échecs.
   • Cet Américain fabrique des instruments de musique.

2. Recopie et complète les mots avec **c, cc, ch, k** ou **qu**. Tu peux t'aider d'un dictionnaire.
   une é…ipe – un …angourou – une pastè…e – un …oriste – un a…ordéon – un sa… – un …ilogramme – une …ouche – un ar… – un …iwi – …arante – un …ronomètre

3. Épelle et recopie ces mots.
   quand – cinq – cinquante – une chorale – un kilomètre – un calcul – avec – comme

---

JE RETIENS

• Le son [k] s'écrit le plus souvent :
   c (devant **a, o, u**) → une **c**ave – **c**omme – une **c**uillère   **qu** → **qu**arante

• Il peut aussi s'écrire :
   q (en fin de mot) → un co**q**   **k** → une **k**ermesse
   ch → un or**ch**estre   **cc** → a**cc**user

Le son [j]
(i, il, ill, ll, y)

Je reconnais le son

Ulysse échoue sur une plage noyée dans le brouillard. « Où suis-je ? » se demande-t-il avec inquiétude.

Thérèse de Chérisey et Vanessa Henriette,
Mon Premier Larousse des légendes de la mythologie,
© Larousse, 2005.

1. Lis cette phrase à voix haute. Combien de fois entends-tu le son [j] ?
2. Dans quels mots ?

Je cherche des mots avec le son

1. Trouve des verbes qui contiennent le son [j].
2. Cherche le nom qui correspond au verbe quand cela est possible. Contient-il encore le son [j] ?
   Exemple : festoyer → **un festin**

J'entends le son

1. Construis un tableau à deux colonnes (**J'entends [j]** et **Je n'entends pas [j]**) et classe les mots suivants.
   une famille – le fils – un mendiant – piller – une pile – une fille – il veille – tranquille – un péril – une ville – une addition

J'écris le son

1. Recopie ces noms et entoure les lettres qui font le son [j]. Pour chaque nom, indique son genre. Que remarques-tu ?
   un réveil – une abeille – un écureuil – une bouteille – un orteil – une corbeille – un portail – une bataille

2. Recopie et complète les mots avec **y** ou **i**. Tu peux t'aider d'un dictionnaire.
   pa…er – un cah…er – un vo…age – un cam…on – un cra…on – la fra…eur – un cuisin…er

3. Recopie et complète les mots avec **il** ou **ill**. Tu peux t'aider d'un dictionnaire.
   un éventa… – merve…eux – le somme… – un fauteu… – une feu…e – une grenou…e – le fenou… – bâ…er

4. Recopie ces mots et entoure les lettres qui font le son [j].
   verrouiller – un dieu – un moyen – la frayeur – une magicienne – le soleil – un œil – un bélier – furieux

5. Épelle et recopie ces mots.
   un voyage – moyen – crier – le soleil – une feuille – un panier – vieux – vieille – verrouiller – la frayeur

JE RETIENS

Le son [j] peut s'écrire :

ill → le brou**ill**ard   **il** (à la fin d'un nom masculin) → le trava**il**

ll → la fi**ll**e   **y** ou **i** (devant une voyelle) → un vo**y**age – v**i**eux

Thème 6 – La mythologie

Documentaire

Les habitants du

Les Grecs croyaient en de nombreux dieux immortels.
Tous avaient une apparence humaine, mais ils pouvaient se transformer, par exemple en animaux. Ces dieux puissants habitaient, dit-on, sur le mont Olympe, le mont le plus haut de Grèce.
C'est pourquoi ils ont été nommés « les Olympiens ».

Zeus, roi des dieux, maître du ciel et des tempêtes.

Héra, sœur et épouse de Zeus, protectrice des femmes mariées.

Poséidon, dieu de la mer.

Déméter, déesse du blé.

Hadès, lui, vit aux Enfers, sur lesquels il règne de façon implacable : nul n'en revient jamais.

Tous les 5 sont frères et sœurs, enfants de Cronos et de Rhéa.

Héphaïstos, fils de Zeus et d'Héra, dieu du feu, a les volcans pour atelier.

J'observe

1. Quel est le titre de ce documentaire ?
2. Que représente l'illustration ?
3. Où peut-on lire les informations sur les dieux ?
4. Comment reconnaît-on chaque dieu sur le dessin ?
5. Chaque dieu a un objet avec lui : pourquoi ?

Je comprends

1. Combien y a-t-il de dieux ?
2. Où vivent tous ces dieux ?
3. Quel dieu est situé le plus haut ? Pourquoi ?
4. Qui sont les frères et sœurs de Zeus ?
5. Quel dieu est l'enfant de Zeus et d'Héra ?

mont Olympe

Le Destin
Pour les Grecs, les dieux ont beau être puissants et immortels, ils obéissent au Destin, que personne ne connaît.

Zeus
Athéna
Artémis
Dionysos
Aphrodite
Hermès
Apollon
Hadès

ATHÉNA, protectrice d'Athènes, déesse guerrière, symbole de sagesse.

ARTÉMIS, vierge déesse de la chasse.

DIONYSOS, dieu du vin et de la vigne.

APHRODITE la belle, déesse de l'amour.

APOLLON, éternellement jeune, le poète et le musicien.

HERMÈS, messager des dieux, protecteur du commerce.

Tous les 6 sont enfants de Zeus et d'une autre qu'Héra, déesse ou mortelle ; il existe parfois plusieurs versions du mythe comme pour Aphrodite.

ARÈS, fils de la seule Héra, fougueux et sanglant dieu de la guerre.

Sylvie Baussier (texte) et François Pillot (illustration), *La Grèce antique*, coll. « Essentiels Juniors », © Éditions Milan, 2004.

Je découvre les mots

1. Cherche dans un atlas où se trouve le mont Olympe. À quoi le mot **Olympe** te fait-il penser ?
2. Pourquoi parle-t-on de **Jeux olympiques** ? Aide-toi du dictionnaire pour répondre.
3. Athéna est **le symbole de la sagesse**. Cherche le mot **sagesse** dans le dictionnaire.

Je donne mon avis

1. Qu'est-ce qu'une famille ?
2. Que penses-tu de la famille des dieux grecs ?

Article

Achille

Né des amours de la déesse Thétis et du roi Pélée, Achille est le principal héros grec de la guerre de Troie, racontée dans l'*Iliade*, le long poème attribué à Homère. Enfant, Achille a été plongé par sa mère dans les eaux du fleuve Styx qui rendent **invulnérable**.
5 La seule partie du corps du héros qui n'a pas été baignée dans les eaux magiques est l'un de ses talons, car c'est par là que sa mère le retenait pour qu'il ne se noie pas.

Quelques années plus tard, Achille,
10 accompagné de son fidèle ami Patrocle, fait partie des chefs grecs qui partent attaquer la ville de Troie. Sa mère l'a pourtant averti qu'il allait perdre la vie dans cette guerre, mais il ne l'a pas
15 écoutée : il préfère une vie courte mais glorieuse à une longue existence sans exploit.

Achille **surpasse**, par sa force et son courage, tous les autres guerriers grecs.
20 Un jour, Agamemnon, le commandant en chef des armées grecques, ordonne à Achille de libérer une belle esclave nommée Briséis. Furieux, Achille se retire des combats. Les Grecs subissent
25 alors de sévères **défaites** et Patrocle se fait tuer. Pour venger son ami, Achille **reprend les armes** contre les Troyens…

Le héros tue Hector, le fils aîné du roi de Troie. Mais lorsque les Grecs remportent la victoire finale, Achille n'est plus là pour **s'en réjouir** : il est mort après avoir été touché au talon par une flèche lancée par Pâris, le
30 frère d'Hector.

© *Arkéo Junior*, n° 51, mars 1999.

Achille et le centaure Chiron
(vase grec, ve siècle avant J.-C.).

né des amours : enfant de.

l'*Iliade* : poème qui raconte la guerre de Troie.

invulnérable : invincible.

surpasser : faire mieux que quelqu'un.

une défaite : une bataille perdue.

reprendre les armes : recommencer à se battre.

s'en réjouir : être content de quelque chose.

Je comprends
1. Qui est Achille ?
2. Pourquoi est-il invulnérable ?
3. Quel est son point faible ?
4. À quelle guerre a-t-il participé ?
5. Qui est Patrocle ?
6. Pourquoi Achille reprend-il les armes contre les Troyens ?
7. Qui tue Achille ? Comment ?
8. Qui a gagné la guerre de Troie ?

Je découvre les mots du texte
1. Achille veut une vie **glorieuse**. De quel mot vient cet adjectif ?
2. Par quel verbe pourrais-tu remplacer l'expression **perdre la vie** ?
3. Lis les expressions suivantes et trouve le verbe qui veut dire la même chose.
   • venir au monde – prendre ses jambes à son cou – tomber de sommeil
4. Observe l'illustration et explique ce qu'est **un centaure**.

J'observe les phrases du texte
1. De quoi parle cet article ?
2. Dans quel magazine a-t-il été publié ?
3. De quand date cet article ?
4. Combien y a-t-il de paragraphes ?

> Les articles sont **des textes publiés dans des magazines ou des journaux**. Ils racontent des faits et donnent les informations nécessaires pour les comprendre.

Je m'exerce à lire et à dire à voix haute
1. Lis l'article de la ligne 9 à la ligne 17. Observe bien la ponctuation. Où dois-tu faire des pauses courtes ? longues ?
2. Que fait-on lorsqu'il y a les deux-points (:) ?

Je donne mon avis
1. Aujourd'hui, que peut-on faire pour être couvert de gloire ?
2. Quel est ton héros préféré ? Pourquoi ?

J'écris
• Relis le premier paragraphe de l'article, puis imagine et décris Achille.

Récit

Le lion de Némée

Héraclès (ou Hercule) est le fils de Zeus et d'une femme mortelle, Alcmène. Il a une force surhumaine. Un jour, poussé par la femme de Zeus, Héraclès tue sa femme et ses enfants. Pour se faire pardonner ses fautes, il doit se mettre au service du roi Eurysthée pendant douze ans et accomplir pour lui douze travaux très difficiles.

Le roi Eurysthée lui demanda d'abord d'aller sur-le-champ le débarrasser du lion de Némée qui terrorisait son pays. Il prévint Héraclès : « Tu devras tuer ce lion et me rapporter sa peau. Prends garde, car aucune arme ne transperce son cuir. »

5 En chemin, Héraclès croisa des paysans et des bergers terrorisés par le lion. Il parvint à retrouver la bête en suivant ses traces sur le sol. Dans un geste parfait, il jeta sa lance. Mais l'arme rebondit comme si elle avait touché un roc ! Héraclès saisit alors sa lourde massue pour frapper de toute sa force la tête du lion.

10 La bête chancela sous le coup et se réfugia en gémissant dans sa tanière. Héraclès la poursuivit jusque-là, et, dans le noir, la serrant à bras nus, il réussit à l'étouffer. Il ne restait plus qu'à dépecer le lion. Mais le glaive n'entama même pas la peau de l'animal !

Thérèse de Chérisey et Vanessa Henriette,
Mon Premier Larousse des légendes de la mythologie, © Larousse, 2005.

---

sur-le-champ : tout de suite.

le cuir : la peau.

chanceler : ne pas bien tenir sur ses jambes.

dépecer : couper en morceaux.

un glaive : une épée courte.

Je comprends
1. Qui est Héraclès ?
2. Qui doit-il servir pendant douze ans ? Pourquoi ?
3. Quelle est la première épreuve d'Héraclès ?
4. Comment retrouve-t-il le lion ?
5. Qu'est-ce que ce lion a de particulier ?
6. Comment Héraclès fait-il pour tuer la bête ?
7. Que doit-il ramener au roi Eurysthée ?

Je découvre les mots
1. Explique la phrase suivante.
   - Mais l'arme rebondit comme si elle avait touché un roc !
2. C'est une **comparaison**. Quel est le mot qui introduit la comparaison ?
3. Recopie et complète les phrases suivantes pour en faire des comparaisons.
   - Héraclès est fort … .   • Héraclès est beau … .   • Héraclès est grand … .
4. Héraclès **jette sa lance** et **saisit sa massue**. Trouve d'autres verbes pour dire ce qu'il peut faire avec ses armes.

J'observe les phrases du texte
1. Relis le texte des lignes 10 à 12. Dans la première phrase, quel est le sujet ?
2. Dans la seconde phrase, qui Héraclès poursuit-il ? qui serre-t-il ? qui étouffe-t-il ?
3. Quel mot remplace **la bête** à chaque fois ?

> Dans une phrase, pour éviter de répéter un nom, tu peux le remplacer par **un pronom** : le, la, l', lui, en…
>
> Héraclès poursuit **la bête**, il **l'**étouffe.
> Le roi Eurysthéc parle à **Héraclès**, il **lui** demande de tuer le lion.

Je m'exerce à lire et à dire à voix haute
1. Observe la ponctuation de la ligne 10 à la fin du texte. Que remarques-tu dans la deuxième phrase ?
2. Est-ce un passage où il y a de l'action ? Comment faut-il le lire ?

Je donne mon avis
1. La punition d'Héraclès est-elle juste ?
2. Est-il possible de punir une déesse ou un dieu ?

J'écris
- Héraclès doit faire douze travaux pour Eurysthée. Imagine quel pourrait être le deuxième de ces travaux.

Thème 6 – La mythologie

Vocabulaire

Un mot, plusieurs sens

J'observe
a) Achille est mort après avoir été touché au talon par une flèche lancée par Pâris.
b) Maman a cassé le talon de sa chaussure.

1. Lis la phrase a). Observe le mot en couleur. Où se situe cette partie du corps ?
2. Lis la phrase b). Le mot **talon** a-t-il ici le même sens que dans la phrase a) ?

Je m'exerce

1. Recopie et trouve le mot qui manque pour compléter chaque couple de phrases.
   - L'alphabet compte 26 … . / Hier le facteur m'a apporté une … de mamie.
   - Comme il fait très chaud, nous avons mangé une … au chocolat. / Elle n'arrête pas de s'admirer dans la … .
   - Il manque un … à ta chemise. / La varicelle donne des … .
   - La petite … indique les heures. / La couturière s'est piquée avec une … .

2. Devinettes.
   - Je sers à éclairer. J'apparais sur les pieds quand les chaussures sont neuves ou trop petites. Qui suis-je ?
   - Je suis le bout d'un crayon à papier. Je suis un endroit où on trouve de l'or. Qui suis-je ?
   - On en a quand on est triste. Le criminel qui est jugé peut en avoir une longue. Qui suis-je ?
   - Je suis une boisson amère. Je suis un lieu où on peut venir boire. Qui suis-je ?

3. Recopie ces phrases et remplace le mot **dur** par l'un des mots suivants : **difficile – sévère**.
   - Cet exercice est dur.
   - Le maître a un regard dur.
   - Cette épreuve n'est pas très dure.
   - Quand il est en colère, son visage est dur.

4. Recopie ces phrases et remplace le mot **fort(e)** par l'un des mots suivants : **doué – piquante – robuste – bruyamment**.
   - Cette moutarde est forte !
   - Cet homme porte de lourds cartons : il est très fort !
   - Lin est très fort en maths.
   - Ne tapez pas si fort !

JE RETIENS

Un **mot** peut avoir **plusieurs sens**. Pour comprendre ce que ce mot désigne, il faut s'aider du reste de la phrase.

Pour son dessert, Nina a mangé une **glace** au chocolat.
Nina se coiffe devant la **glace**.

Projet d'écriture

Écrire la fin d'une histoire

J'observe

1. Lis la fin du texte « Le lion de Némée ». Quand tu lis les deux premières phrases, as-tu l'impression que l'histoire est finie ?
2. Quand tu lis les deux dernières phrases, à quoi vois-tu que l'histoire doit continuer ?
3. Dans la mythologie, quels sont les personnages qui interviennent toujours pour aider les héros ?
4. Chaque dieu ou déesse a une fonction, un pouvoir et un objet symbolique. Lequel pourrait aider Héraclès ?

Le lion de Némée

La bête chancela sous le coup et se réfugia en gémissant dans sa tanière. Héraclès la poursuivit jusque-là, et, dans le noir, la serrant à bras nus, il réussit à l'étouffer. Il ne restait plus qu'à dépecer le lion. Mais le glaive n'entama même pas la peau de l'animal !

Thérèse de Chérisey et Vanessa Henriette, *Mon Premier Larousse des légendes de la mythologie*, © Larousse, 2005.

J'écris la fin d'une histoire

- Imagine qui peut aider Héraclès et écris la fin de l'histoire.

Des outils pour mieux écrire

- **Choisis un des dieux de l'Olympe :**
Zeus, roi des dieux – Héra – Poséidon – Déméter – Hadès – Héphaïstos – Athéna – Artémis – Dionysos – Aphrodite – Apollon – Hermès – Arès

- **Cherche comment il va l'aider :**
– lui fournir une arme magique ;
– lui donner une potion ;
– lui écrire une formule magique ;
– lui indiquer une ruse ;
– lui donner un pouvoir…

À mon tour d'écrire !

✓ Choisis le dieu qui peut aider Héraclès.
✓ Trouve ce qu'il peut lui donner ou ce qu'il peut faire pour l'aider.
✓ Écris des phrases courtes pour raconter la fin de l'histoire.
✓ Vérifie que tes phrases commencent par une majuscule et se terminent par un point.

Quand tu as fini, lis ton texte à la classe !

Thème 6 – La mythologie

Poésie

Heureux qui comme Ulysse

Heureux qui comme Ulysse
A fait un beau voyage
Heureux qui comme Ulysse
A vu cent paysages
Et puis a retrouvé
Après maintes traversées
Le pays des vertes années

Par un petit matin d'été
Quand le soleil vous chante au cœur
Qu'elle est belle la liberté
La liberté

Quand on est mieux ici qu'ailleurs
Quand un ami fait le bonheur
Qu'elle est belle la liberté
La liberté

Avec le soleil et le vent
Avec la pluie et le beau temps
On vivait bien contents
Mon cheval, ma Provence et moi
Mon cheval, ma Provence et moi

Heureux qui comme Ulysse
A fait un beau voyage
Heureux qui comme Ulysse
A vu cent paysages
Et puis a retrouvé
Après maintes traversées
Le pays des vertes années

Par un joli matin d'été
Quand le soleil vous chante au cœur
Qu'elle est belle la liberté
La liberté

Quand c'en est fini des malheurs
Quand un ami sèche vos pleurs
Qu'elle est belle la liberté
La liberté

Battus de soleil et de vent
Perdus au milieu des étangs
On vivra bien contents
Mon cheval, ma Camargue et moi
Mon cheval, ma Camargue et moi

Texte de Henri Colpi (inspiré d'un poème
de Joachim du Bellay), musique de G. Delerue,
© 1969 SIDOMUSIC B. Liechti & Cie, Genève.

Les aventuriers de la mer

MAXI DÉBAT

Qu'est-ce que partir à l'aventure ?

Roman	« Fille de pirate », Christophe Miraucourt	pp. 132 à 143
Interview	Rencontre avec Maud Fontenoy (1)	pp. 146-147
Interview	Rencontre avec Maud Fontenoy (2)	pp. 148-149
Roman	« Avril prend la mer », Henrietta Branford	pp. 150-151
Poésie	« Ma frégate », Alfred de Vigny et « Vive le voilier qui passe », Maurice Carême	p. 154

Fille de pirate (1)

Un cadeau pour Barberousse

– À l'abordage ! Lancez les grappins ! Et pas de quartier !

5 Campée sur le pont du vaisseau pirate de son père, le célèbre Barberousse, Mélina la Terrible, un sabre en bois à la
10 main, clame ses ordres à son équipage. Le drapeau à tête de mort claque fièrement en haut du mât. Soudain, Mélina la Terrible entend un ricanement derrière son dos.
15 Elle n'a pas besoin de se retourner pour comprendre qu'il s'agit de son frère.

– Tu joues à quoi ? demande Rico, l'air narquois.

Mélina soupire et jette à regret un dernier regard au pont désert, où elle jouait aux pirates. Son frère ne manque jamais de lui rappeler qu'elle est
20 une fille et que les filles ne deviennent pas pirates, même si leur père est l'un des plus féroces que les océans aient porté.

Chaque fois que Barberousse revient d'expédition, les bras chargés de cadeaux, il offre les sabres et les poignards à Rico, tandis que Mélina doit se contenter de poupées en chiffon.

25 Pourtant, Mélina aussi rêve d'abordage et de pillage, d'île au trésor et de coffres remplis de lingots d'or. Mais quand elle supplie Barberousse de l'embarquer sur son navire, comme il embarque parfois Rico, le pirate éclate d'un rire tonitruant et lui répond :

– Tu aurais le mal de mer !

30 Ou encore :

– Au premier coup de canon, tu te cacherais dans la cale !

---

un grappin : un crochet qu'on lance au bout d'une corde pour s'accrocher à quelque chose.

pas de quartier : pas de pitié.

campée : debout.

clamer : crier.

un mât : un poteau qui porte les voiles d'un bateau.

un air narquois : un air moqueur.

le pont : le plancher d'un bateau.

une expédition : un voyage.

l'abordage : l'attaque d'un bateau par un autre.

la cale : l'espace situé sous le pont d'un bateau.

Mélina aimerait bien qu'une tempête emporte Rico quand Barberousse l'emmène en mer et qu'elle reste à terre, à regarder le navire s'éloigner.

35 – Tu ferais mieux de chercher un cadeau pour l'anniversaire de papa, poursuit Rico d'un air méprisant.

Mélina sent son cœur s'arrêter de battre. Chaque année, c'est la même histoire.

40 Qu'offrir à un papa pirate qui possède les objets les plus rares et les armes les plus redoutables ?
– Offre-lui une sculpture, comme l'année dernière, se moque Rico.

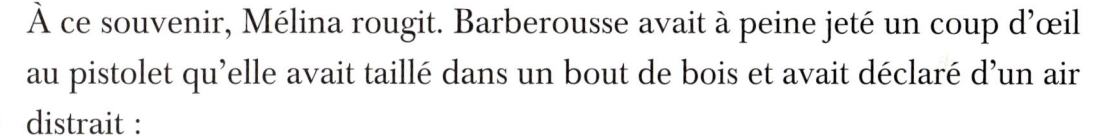

À ce souvenir, Mélina rougit. Barberousse avait à peine jeté un coup d'œil au pistolet qu'elle avait taillé dans un bout de bois et avait déclaré d'un air 45 distrait :
– Très joli.
Depuis, le pistolet est au fond d'un tiroir. Rico, lui, avait pêché un requin aux dents longues comme des poignards et la mâchoire de l'animal trônait dans la cabine de Barberousse.

50 – Cette année, j'écrirai un poème à papa, se défend Mélina.
Elle lui dira combien elle l'admire et comme elle l'aime.
– Ce n'est pas un cadeau pour un pirate ! rigole Rico.

Mélina hausse les épaules. Elle est sûre que ça plaira à Barberousse. Pendant que son père prépare sa prochaine expédition, elle se précipite 55 vers le port de l'île aux Crânes pour **dénicher** un vieux **parchemin** sur lequel elle écrira son poème.

Mélina parcourt les rues. Elle délaisse les ruelles aux **tavernes** enfumées et malodorantes pour celles aux **échoppes bien garnies**.
Elle désespère de trouver son bonheur, quand elle remarque, coincée entre 60 un commerce de vente de tabac à pipe et un magasin de sabres, d'épées et de poignards, une boutique minuscule. Et derrière la vitrine : des parchemins par dizaines !

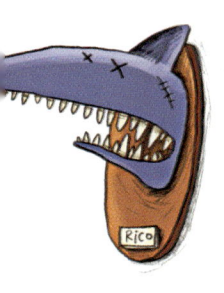

dénicher : trouver, découvrir.

un **parchemin :** une peau d'animal utilisée pour écrire dessus.

une **taverne :** un bar.

une **échoppe bien garnie :** une boutique bien remplie.

Roman

Une carte de l'île aux Crânes

Quand Mélina pousse la porte, un perroquet, posé sur son perchoir, lance
65 un « À l'abordage ! » sonore et un pirate sans âge apparaît.
Avec son bandeau noir sur l'œil et sa jambe de bois qui grince, il est un peu effrayant.
– Que veux-tu ? demande-t-il en dévisageant Mélina de son œil unique.
– Un pa... pa... un parchemin, bafouille Mélina, intimidée. Dessus, j'écrirai
70 un poème pour l'anniversaire de mon papa.
– Très bonne idée ! J'ai exactement ce qu'il te faut.

Le pirate farfouille dans un coffre, soulevant un nuage de poussière. Puis il extirpe victorieusement un parchemin, aussi craquelé que sa peau. Les yeux brillants, Mélina pousse un cri. C'est exactement ce qu'elle veut !
75 Elle donne les deux sous que lui réclame le pirate puis elle se dépêche de rentrer.

Elle habite la crique aux Tibias, dans une grande cabane en forme de navire qui surplombe la mer aux Naufragés. Sur le toit flotte le drapeau des pirates. Mélina pose la feuille de parchemin sur la table, attrape une plume
80 d'oie et trempe la pointe dans un flacon d'encre de poulpe. Puis, de sa plus belle écriture, elle inscrit :

Mon papa pirate
Je t'écris ce poème
Pour te dire que je t'aime.
85 *D'être ta fille, je suis très fière,*
Tu es le plus grand pirate des mers !

Elle n'a pas le temps de terminer. Une main lui arrache le parchemin. Rico !
– Mon papa pirâââte ! se moque-t-il, tout en courant autour de la table pour échapper à Mélina. Mon peutit pââpa !
90 Au moment où Mélina rattrape son frère, il place le parchemin au-dessus d'une bougie.
– Encore un pas et je le brûle ! menace-t-il.
Mais Mélina ne bouge plus. Les yeux écarquillés, elle fixe le parchemin.
La chaleur de la flamme a fait apparaître la carte d'une île... Leur île !

Christophe Miraucourt (texte), Delphine Vaufrey (illustrations),
Fille de pirate, © Rageot Éditeur, Paris, 2007.

---

dévisager : fixer du regard le visage de quelqu'un.

extirper : arracher.

craquelé : fendu, ridé.

une crique : un creux dans le rivage où les bateaux sont à l'abri.

surplomber la mer : être au-dessus de la mer.

Je comprends
1. Qui est Mélina ?
2. Comment son père s'appelle-t-il ? et son frère ?
3. Au début de l'histoire, à quoi joue Mélina ?
4. Pourquoi Mélina ne peut-elle pas être pirate ?
5. Qui va fêter son anniversaire ?
6. Pourquoi Rico se moque-t-il du cadeau que Mélina a offert l'année dernière ?
7. Que va-t-elle offrir cette année à son père ?
8. Que découvrent les enfants sur le parchemin ?

Je découvre les mots du texte
1. Relis le texte de la ligne 1 à la ligne 16 et relève les mots qui décrivent un bateau de pirates.
2. Dessine un bateau et place ces mots sur ton dessin.
3. Trouve d'autres mots pour décrire un bateau et ajoute-les sur ton dessin.

J'observe les phrases du texte
1. Recopie les phrases suivantes et souligne le sujet.
   - Mélina parcourt les rues.
   - La petite fille parcourt les rues.
   - Elle parcourt les rues.
2. Dans chaque phrase, combien de mots forment le sujet ?

> Le **sujet** d'un verbe peut être :
> – un **nom propre** : **Mélina** prend un couteau ;
> – un **groupe nominal** : **La petite fille** prend un couteau ;
> – un **pronom de conjugaison** : **Elle** prend un couteau.

Je m'exerce à lire et à dire à voix haute
1. Relis le texte de la ligne 87 à la ligne 94. Quelles sont les phrases dites par Rico ? et les phrases dites par le narrateur ?
2. Pourquoi les mots **pirate**, **petit** et **papa** ne sont-ils pas écrits correctement ? Quelle indication cela te donne-t-il sur la façon de lire cet extrait ?
3. Quels verbes t'indiquent le ton à utiliser ?
4. À deux, lisez ce passage : l'un joue Rico, l'autre le narrateur.

Je donne mon avis
1. Aurais-tu aimé avoir un papa pirate ? Pourquoi ?
2. Penses-tu que les filles peuvent être pirates ? Pourquoi ?

J'écris
- Mélina a écrit un poème pour l'anniversaire de son papa pirate. Imagine ce que tu pourrais écrire à sa place.

Roman

Fille de pirate (2)

Une carte de l'île aux Crânes (suite)

– Qu'est-ce que c'est ? grogne Rico. Mélina profite de la surprise de son frère pour lui chiper le parchemin
5 et elle court s'enfermer dans sa chambre. Une carte tracée à l'encre invisible cache forcément quelque chose de précieux. Un trésor !

Mélina sent son cœur bondir. Elle
10 ne se trompe pas ! Un coffre est dessiné au nord de l'île et il est écrit : *trésor du cap'tain Croquemoutard*.
Mélina frissonne. C'était le plus cruel des pirates. Il a disparu lors de l'attaque d'un galion voilà une dizaine d'années, mais les parents prétendent que son esprit revient pour emporter les enfants.

15 – Si tu ne manges pas ton potage à la tortue, menace parfois Barberousse, Croquemoutard t'emportera !

On n'a jamais retrouvé son trésor et voilà que Mélina vient de découvrir où il était caché ! Elle reconnaît un des lieux, noté sur la carte : la falaise aux fantômes.
20 Alors elle décide de récupérer le trésor et de l'apporter à son père comme cadeau d'anniversaire.

– À table ! crie Barberousse.
Mélina cache la carte sous son oreiller et s'installe devant un bol de soupe au crabe fumante et une assiettée de ragoût de requin, ses
25 plats préférés.

Rico scrute son visage comme s'il essayait de lire ses pensées. Mélina lui tire la langue. Il lui décoche un vilain coup de pied sous la table auquel elle réplique en le bombardant de boulettes de mie de pain.

Cette nuit-là, elle dort d'un sommeil profond. Mais le lendemain, quand
30 elle se réveille, et qu'elle glisse la main sous l'oreiller... la carte a disparu !

---

chiper : prendre, voler.

un galion : un bateau qui transporte de l'or et de l'argent.

un ragoût : un plat de viande et de légumes cuits dans une sauce.

scruter : observer.

décocher : lancer.

L'île de tous les dangers

Mélina se lève d'un bond. Ça ne peut être que son voleur de frère !

35 Elle file dans la chambre de Rico. Le lit est vide. C'est sûr, il est parti très tôt à la recherche du trésor ! Mélina n'a pas l'intention de le
40 laisser faire. Elle se souvient de la carte dans ses moindres détails. Elle noue un foulard sur ses cheveux. Par précaution, elle prend le sabre qui appartenait à son grand-père Barbenoire. Elle a fière allure !

Quand elle quitte la maison, le jour n'a pas encore pointé le bout de son
45 nez et elle ne croise qu'un vieux pirate qui sifflote un air rythmé. Il traîne derrière lui un chien aussi noir que la suie. Une lune ronde comme un boulet de canon éclaire le chemin jusqu'au pied de la falaise aux Fantômes.

Quelque part devant Mélina, il doit y avoir une grotte. Là ! Deux énormes rochers en cachent l'entrée. Elle a bien failli passer devant sans la voir,
50 mais un morceau de la chemise de son frère est resté accroché sur la pointe d'un rocher. Rico l'a précédée !

Mélina se glisse dans la grotte. Il y fait sombre et le sol est recouvert d'algues gluantes. Soudain, elle pose le pied sur une pierre plate qui s'enfonce sous son poids. Aussitôt, deux squelettes se dressent devant elle
55 en poussant des hurlements lugubres. Mélina ne se sauve pas. Elle lève le sabre en criant :
– Je suis Mélina la Terrible ! Fille de Barberousse, petite-fille de Barbenoire et arrière-petite-fille de Barberouge ! Vous ne me faites pas peur !
Puis elle ferme les yeux et fait tournoyer son sabre à l'aveuglette. La
60 lame cogne contre les os des squelettes. Quand elle rouvre les yeux, ils s'empilent devant elle.

par précaution : pour se protéger.

avoir fière allure : être beau.

la suie : la matière noire déposée par la fumée d'un feu.

lugubre : inquiétant, sinistre.

à l'aveuglette : sans voir ce que l'on fait.

Roman

65 Mélina remarque alors qu'ils sont reliés par des cordes au plafond de la grotte. En marchant sur la pierre, elle a déclenché un ingénieux mécanisme qui actionne les squelettes.

Un système imaginé par Croquemoutard pour effrayer les curieux ! Mélina espère que les cheveux de Rico sont tombés sous l'effet de la 70 peur !

Mais les hurlements ? Comme pour lui répondre, un long mugissement résonne. C'est le vent qui s'engouffre dans la grotte par l'autre extrémité ! La sortie n'est donc pas loin...

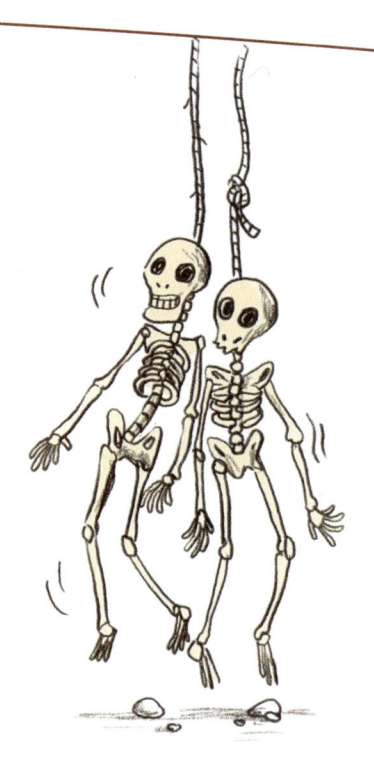

75 Mélina poursuit son chemin à tâtons et bientôt, elle aperçoit la lumière du jour. Quand elle sort enfin, elle respire l'air frais à pleins poumons.

Mélina est de l'autre côté de la falaise, dans une partie de l'île qui lui est totalement inconnue ! Elle se rappelle les indications de la carte et tourne à droite après trois palmiers qui ressemblent à des sabres entrecroisés. Une 80 barque devrait être cachée à leur pied.

Si elle ne s'est pas trompée, il lui faudra alors traverser le marais aux Crocodiles. Mais la barque a disparu. Quelqu'un a tranché la corde qui la retenait aux palmiers. Mélina ramasse un petit couteau... c'est celui de Rico !

– Je ne le laisserai pas chiper le trésor, murmure Mélina d'un ton déter-
85 miné.

Des pierres émergent de l'eau croupie, comme une invitation à grimper dessus. Mélina clame :

– Je m'appelle Mélina la Terrible. Fille de Barberousse, petite-fille de Barbenoire et arrière-petite-fille de Barberouge !

90 Puis elle saute sur la première pierre. À peine a-t-elle posé le pied dessus qu'elle se met à bouger. Ce n'est pas une pierre, mais le dos d'un crocodile ! Le marais en est infesté !

Christophe Miraucourt (auteur), Delphine Vaufrey (illustratrice),
Fille de pirate, © Rageot Éditeur, Paris, 2007.

un **ingénieux mécanisme** : une machine astucieuse.

un **ton déterminé** : un ton très décidé.

émerger : apparaître à la surface.

une **eau croupie** : une eau sale et imbuvable.

infesté : rempli, envahi.

Je comprends

1. Qu'est-ce qui est écrit sur le parchemin ?
2. Qui était Croquemoutard ?
3. Où Mélina doit-elle aller pour récupérer le trésor ?
4. Qui lui a pris le parchemin ?
5. Comment sait-elle que Rico est déjà passé sur la falaise ?
6. Qui est Barberouge ? et Barbenoire ?
7. Que doit traverser Mélina à la fin du texte ?

Je découvre les mots du texte

1. Lis la phrase suivante et explique le mot en couleur.
   - Croquemoutard était le plus **cruel** des pirates.
2. Trouve d'autres mots pour décrire un pirate.
3. Cherche le sens du mot **mugissement**.
4. Connais-tu d'autres mots qui décrivent le cri d'un animal ? Lesquels ?

J'observe les phrases du texte

1. Recopie la phrase suivante, souligne le verbe et encadre le sujet.
   - Mélina ramasse un petit couteau.
2. Que ramasse Mélina ?
   Quels sont les mots qui te donnent cette information ?

> Dans une phrase, le verbe est souvent suivi de **groupes nominaux qui donnent des précisions sur ce que fait le sujet**.
>
> Mélina ramasse **un petit couteau**.
> Que ramasse Mélina ? **Un petit couteau**.
>
> Mélina pense **à son frère**.
> À qui pense Mélina ? **À son frère**.

Je m'exerce à lire et à dire à voix haute

1. Relis ce que dit Mélina lignes 57-58.
   À quel moment de l'histoire dit-elle ces phrases ?
   A-t-elle peur en réalité ?
2. Quel ton va-t-elle utiliser pour dire ces phrases ? Entraîne-toi à les dire.

Je donne mon avis

1. Si tu trouvais une carte au trésor, que ferais-tu ?
2. Mélina est-elle courageuse ? Pourquoi ?

J'écris
- Mélina est de l'autre côté de la falaise, dans une partie de l'île qui lui est inconnue. Décris le paysage qu'elle voit (la végétation, les animaux…).

Fille de pirate (3)

Le coffre du rocher aux Serpents

Il n'est pas question pour la fille de Barberousse de reculer. Mélina la Terrible bondit de crocodile en crocodile tandis que leurs mâchoires s'ouvrent et se referment avec des claquements sonores.

Enfin, elle pose le pied sur l'autre rive. Le trésor n'est plus très loin maintenant. Mélina s'enfonce dans la jungle qui s'étend devant elle, quand elle entend crier :

– Au secours ! Aidez-moi !

C'est la voix de Rico. Mélina se laisse guider par les hurlements.

Elle découvre son frère au fond d'un grand trou recouvert de branchages.

– Il fallait se méfier de la tête de mort dessinée sur la carte, dit-elle en se penchant au-dessus du trou.

– Aide-moi à sortir ! gémit Rico. Je te rendrai ta carte, c'est promis.

Mélina hésite. C'est assez tentant de laisser son frère se débrouiller. Il l'a bien mérité.

– Est-ce que tu penses toujours qu'une fille ne peut pas devenir pirate ? demande-t-elle enfin d'un ton malicieux.

Après un moment de réflexion, Rico articule, l'air penaud :

– Je reconnais que tu es aussi courageuse et maligne qu'un pirate.

– Je suis tout à fait d'accord avec toi, approuve Mélina.

À l'aide de l'épée de Barbenoire, elle coupe une liane, attache une de ses extrémités à un tronc d'arbre et tend l'autre à son frère. Une fois sorti du piège, Rico tend la carte à sa sœur, la tête basse.

– Maintenant, je n'ai plus de cadeau pour papa, marmonne-t-il.

Mélina dévisage son frère d'un air pensif. Il a l'air sincèrement désolé.

– On pourrait lui offrir le trésor de Croquemoutard ensemble, propose-t-elle.

Rico relève la tête, incrédule.

---

sonore : bruyant.

une jungle : une forêt humide située dans les pays chauds.

un branchage : une branche d'arbre.

malicieux : moqueur.

l'air penaud : l'air honteux.

maligne : rusée.

une liane : une plante dont les tiges pendent des arbres.

être incrédule : avoir du mal à croire quelque chose.

– Tu es sérieuse ?
– Deux apprentis-pirates seront plus forts qu'un seul pour le retrouver, affirme Mélina.
Ils examinent la carte. Un coffre est dessiné sous le rocher aux Serpents.
– Allons-y !

Mélina coupe, tranche, cisaille les hautes herbes pour leur frayer un chemin à travers la jungle. Sur le chemin, des cris d'animaux les font sursauter. Bientôt, ils atteignent une clairière au centre de laquelle se dresse un rocher en forme de serpent. Ils frissonnent en le découvrant. On dirait un vrai. Mélina fait le tour du rocher. Une cavité s'ouvre sous le rocher-serpent !
– C'est presque trop facile, murmure Mélina. Il y a un piège.

Mais elle n'a pas bravé tous ces dangers pour reculer maintenant. Penser au cadeau pour son père lui donne le courage dont elle a besoin. Alors qu'elle s'approche du trou, elle entend d'étranges sifflements. Mélina pousse un hurlement. Des dizaines de serpents énormes sortent du trou et entourent Mélina et Rico. Impossible de s'échapper !

Le secret de Croquemoutard

– Qu'est-ce qu'on fait dans ce piège ? bredouille Rico, en se serrant contre Mélina. Tu as une idée pour nous sauver de là ?
Mélina n'ose pas répondre à son frère que, pour une fois, elle n'en a pas.

Et puis soudain, les broussailles s'écartent et Barberousse bondit dans la clairière, en hurlant :
– Sus aux serpents !
Le pirate fait tournoyer son sabre et décapite les reptiles du tranchant de sa lame.
– Papa ! crient Mélina et Rico, en sautant dans les bras du pirate. Comment tu nous as retrouvés ?
– Le pirate au chien noir que tu as croisé est un vieil ami. Il m'a indiqué dans quelle direction tu étais partie.

---

se frayer un chemin : avancer en écartant ce qui gêne le passage.

une clairière : un endroit sans arbres dans une forêt.

braver un danger : affronter un danger avec courage.

bredouiller : parler de façon peu claire.

sus : à l'attaque.

Roman

65 À tour de rôle, Mélina et Rico racontent les squelettes, les crocodiles, le piège dans la jungle et l'attaque des serpents. Au fur et à mesure de leur récit, les yeux de Barberousse brillent d'une étrange lueur.

– Sans Mélina, conclut Rico, je serais toujours au fond du piège.

– Je suis fier de vous, déclare Barberousse. Vous deviendrez les plus grands 70 pirates de toutes les mers ! Quant à toi, poursuit-il en serrant fort Mélina, tu t'es montrée digne du sabre de Barbenoire. Désormais, il t'appartient !

– Ouvre le coffre, papa, propose Mélina, remplie de fierté. Le trésor, c'est ton cadeau d'anniversaire.

Barberousse tire le coffre du trou aux serpents. D'un coup de sabre, il casse 75 le cadenas qui le ferme. Rico et Mélina retiennent leur respiration quand il soulève le couvercle.

– Ho ! crie Mélina.

– Ha ! clame Rico.

Ils n'en croient pas leurs yeux. Dans le coffre, il y a... un vieux nounours 80 tout déchiré, avec un œil masqué. Pas le moindre lingot d'or, pas la moindre pièce d'argent, pas le plus petit bijou.

– Qu'est-ce que ça veut dire ? grommelle Rico.

– Où est passé le trésor ? grogne Mélina.

– Le voilà, le trésor de Croquemoutard, affirme Barberousse. Pour lui, ce nou-85 nours était encore plus précieux que de l'or car il lui rappelait son enfance !

– Maintenant, on n'a plus rien à t'offrir, boude Mélina.

Barberousse éclate de son rire tonitruant.

– Le nounours de Croquemoutard est le cadeau le plus original qu'on m'ait jamais offert ! Mais mon plus beau cadeau, c'est vous ! affirme-t-il en 90 serrant Mélina et Rico dans ses bras. Demain, je vous emmène tous les deux sur mon navire, et Mélina commandera l'équipage !

– Je suis Mélina la Terrible, fille de Barberousse, petite-fille de Barbenoire et arrière-petite-fille de Barberouge ! crie Mélina, en emboîtant le pas de son père.

95 – Je suis Rico la Terreur, frère de Mélina la Terrible et fils de Barberousse ! clame Rico.

– À nous l'aventure ! hurlent-ils en chœur.

Christophe Miraucourt (auteur), Delphine Vaufrey (illustratrice), *Fille de pirate*, © Rageot Éditeur, Paris, 2007.

se montrer digne de quelque chose : mériter quelque chose.

Je comprends

1. Comment Mélina traverse-t-elle le marais ?
2. Où est Rico ?
3. Comment Mélina fait-elle sortir son frère du piège ?
4. Que trouvent les enfants dans la clairière ?
5. Dans quel piège tombent-ils ensuite ?
6. Qui vient les aider ?
7. Pourquoi Barberousse offre-t-il le sabre à Mélina ?
8. Barberousse aime-t-il son cadeau ? Pourquoi ?

Je découvre les mots du texte

1. Cherche le sens du mot **cavité** puis trouve au moins deux mots de la même famille.
2. Relis le texte de la ligne 19 à la ligne 25 et relève les mots ou expressions qui décrivent le caractère de Mélina.

J'observe les phrases du texte

1. Dans la phrase suivante, quelle information donne le mot **demain** ?
   - Demain, je vous emmène tous les deux sur mon navire, et Mélina commandera l'équipage !
2. Quelle information donnent les mots **sur mon navire** ?

> Dans une phrase, certains mots ou groupes de mots donnent des informations **sur où et quand se passe l'action**.
>
> **Demain**, Barberousse emmènera les enfants **sur son navire**.
> Quand se passe l'action ?
> **Demain**.
> Où se passe l'action ?
> **Sur son navire**.

Je m'exerce à lire et à dire à voix haute

1. Relis le texte de la ligne 92 à la fin. Qui parle ?
2. Dans la dernière phrase, que signifie **en chœur** ?
3. Comment Mélina et Rico se sentent-ils ?
4. À deux, relisez ce passage en y mettant le ton.

Je donne mon avis

1. Si Mélina avait su ce que contenait le coffre au trésor, aurait-elle continué à le chercher ?
2. Que penses-tu de l'attitude de Barberousse devant ses enfants ?

J'écris
- Il n'y a qu'un vieux nounours tout déchiré dans le coffre au trésor. Imagine qu'il y a d'autres objets dans ce coffre et décris-les.

Les sons

Le son [g]
(g, gu)

Je reconnais le son

Mélina se glisse dans la grotte. Il y fait sombre et le sol est recouvert d'algues gluantes.

Christophe Miraucourt, Fille de pirate,
© Rageot Éditeur, Paris, 2007.

1. Lis ces phrases à voix haute. Combien de fois entends-tu le son [g] ?
2. Dans quels mots ?

Je cherche des mots avec le son

1. Cherche des noms de desserts qui contiennent le son [g].
2. Remets les syllabes dans l'ordre pour former trois mots.
   me – gram – pro / ri – gué – son / goû – dé – tant

J'entends le son

1. Construis un tableau à deux colonnes (**J'entends [g]** et **Je n'entends pas [g]**) et classe les mots suivants.
   un gouffre – l'abordage – la guerre – le courage – des lingots – une ligne – une grotte – une bougie – lugubre – une blague – Guillaume

J'écris le son

1. Recopie uniquement les mots qui contiennent le son [g].
   une guitare – une marguerite – une cage – une vague – un oranger – une girafe – une guêpe – un général – un déguisement

2. Dans les mots recopiés pour l'**exercice 1**, entoure les lettres qui font le son [g]. Quelle lettre suit toujours la lettre **g** ? Quelles sont les lettres suivantes ?

3. Recopie et complète les mots avec **g** ou **gu**. Tu peux t'aider d'un dictionnaire.
   un …arde – une …enon – un escar…ot – la fi…ure – une …irlande – se dé…iser – une ba…arre – du mu…et – la fati…e – un pin…ouin

4. Écris les réponses à ces devinettes (elles contiennent le son [g]).
   • Je suis le lieu où arrivent et partent les trains.
   • Je suis un monstre ailé crachant du feu.
   • Je suis un bijou que l'on met au doigt.
   • Je suis un caillou rond, lisse et plat que l'on trouve sur la plage.
   • Je suis un objet qui efface le crayon.
   • Je suis la partie du vélo qui sert à diriger

5. Épelle et recopie ces mots.
   longue – une guêpe – un guidon – regarder – la langue – un gant – une vague – un garçon – la guerre – la figure

JE RETIENS

Le son [g] s'écrit :

g (devant une consonne ou **a, o, u**) → une **g**rotte – une **g**are – le **g**oût – la fi**g**ure

gu (devant **e, i, y**) → la lan**gue** – dé**gui**ser – **Gu**y

Les sons [ø], [œ] et [ə]
(e, eu, œu)

Je reconnais les sons

Mélina espère que les cheveux de Rico sont tombés sous l'effet de la peur ! [...] Au fur et à mesure de leur récit, les yeux de Barberousse brillent d'une étrange lueur.

Christophe Miraucourt, *Fille de pirate*,
© Rageot Éditeur, Paris, 2007.

1. Lis ces phrases. Quelles lettres retrouve-t-on dans les mots en couleur ?
2. Dans cheveux et yeux, quel son font les lettres **eu** ?
3. Dans peur et lueur, quel son font les lettres **eu** ?
4. Dans mesure et cheveux, quel son fait la lettre **e** ?

Je cherche des mots avec les sons

1. Cherche des adjectifs dans lesquels tu entends le son [ø].
   Exemples : courageux – peureux
2. Cherche des noms dans lesquels tu entends le son [œ].
   Exemple : la peur

J'entends les sons

1. Lis chaque liste de mots et trouve l'intrus. Explique ton choix.

une pelouse	un jeu	le chœur	la lenteur	une fleur
un repas	le feu	un vœu	la couleur	un aveugle
le samedi	un peu	une œuvre	le pneu	un bœuf
la semaine	le neveu	un bœuf	la valeur	un nœud
la terre	un veuf	le cœur	la douceur	une chaleur

J'écris les sons

1. Recopie et complète les mots avec **eu**, **œu** ou **e**. Tu peux t'aider d'un dictionnaire.
   un v... – un r...nard – n...f – un f... – un n...d – une coul...vre – les till...ls – une cass...role – dang...r...x

2. Recopie et complète avec le féminin de ces mots. Que remarques-tu ?
   - un acheteur → une acheteuse
   - un coiffeur → ...
   - un vendeur → ...
   - un rêveur → ...
   - un nageur → ...
   - un voleur → ...

3. Épelle et recopie ces mots.
   un peu – le feu – la peur – une fleur – des cheveux – heureux – le cœur – un œuf – un jeu – un nœud – les yeux

JE RETIENS

Le son [ø] s'écrit : **eu** → un j**eu**   **œu** → un n**œu**d

Le son [œ] s'écrit : **eu** → la p**eu**r   **œu** → un **œu**f

Le son [ə] s'écrit : **e** → sam**e**di

Interview

Rencontre avec

Maud Fontenoy est une navigatrice en solitaire. Elle a rencontré des élèves de CM2. Ils lui ont posé plein de questions sur ses deux aventures à la rame et sur son projet pour 2006 (faire le tour du monde à la voile « à l'envers », contre vents et courants).

Jennifer : Comment cette passion vous est-elle venue ?

Maud : J'ai passé mon enfance sur un bateau, avec mes parents et mes 2 frères. Je ne suis jamais allée à l'école comme vous, j'en ai eu de la chance, hein ? Mon papa nous faisait les cours sur le bateau. Ma passion vient de là, du fait que j'ai toujours été bercée par la mer. Sa force me donne de l'énergie.

Fiche d'identité
Prénom : Maud
Âge : 28 ans
Couleur des yeux : bleu
Passion : la mer
Signes particuliers : elle a traversé 2 océans, en solitaire, à la rame.
Projet 2006 : faire le tour du monde à la voile « à l'envers », contre vents et courants.

Amandine : Qui choisit vos itinéraires ?

Maud : C'est moi. Une aventure comme la mienne, ce n'est pas l'envie de faire un exploit. C'est d'abord mon rêve, celui de partir sur l'eau. Je voulais partir à la rame, pour être proche de l'eau, caresser les dauphins… Après avoir traversé l'Atlantique, je me suis dit : « Le plus bel océan qui reste, c'est le Pacifique. »

J'observe
1. De quel type de document s'agit-il ?
2. Quels renseignements donne la rubrique « Fiche d'identité » ?
3. Qui a posé ces questions à Maud Fontenoy ?
4. Qui répond ?
5. De quoi peux-tu t'aider pour décrire le bateau de Maud ?

Je comprends
1. Maud Fontenoy allait-elle à l'école quand elle était enfant ? Pourquoi ?
2. Comment lui est venue la passion de la mer ?
3. Que mange-t-elle sur son bateau ? Que boit-elle ?
4. Comment fait-elle pour se laver ?

Maud Fontenoy (1)

Dragi : Quels animaux avez-vous vus pendant vos traversées ?

Maud : Des baleines, des dauphins, des requins, plein de poissons… Les baleines viennent tout près du bateau et au dernier moment, elles plongent dessous : c'est à couper le souffle parce que ces monstres paisibles nagent en faisant une vague toute douce. Dans le Pacifique, le long du Pérou, il y a une otarie toute mignonne qui m'a suivie. Je l'ai appelée Pétula.

Jasmine : Comment faites-vous pour vous nourrir ?

Voici le petit bateau sur lequel Maud a traversé 2 océans. Il a résisté à des vagues de 10 mètres de haut !

Maud : Je mange des sachets, comme les astronautes. Dans une usine, on fabrique de la nourriture, du couscous, de la paella… et on enlève toute l'eau. Ça devient de la poudre que l'on met dans un sachet. Sur mon bateau, j'ai un petit réchaud pour chauffer de l'eau. Je la verse dans le sachet, ça gonfle un peu, mais ça ne reprend jamais la forme du couscous normal… Ça reste de la patouille ! Pour boire, j'utilise une machine qui filtre l'eau de mer et retient le sel.

Jasmine : Et pour vous laver et faire vos besoins ?

Maud : Pour me laver, je me verse un seau d'eau de mer sur la tête. Dans l'Atlantique Nord, il y a beaucoup d'icebergs, donc vous imaginez l'eau froide… Je suis vraiment contente de retrouver ma douche à terre. Pour faire ses besoins, on les fait dans l'eau comme les poissons. Mais on ne jette pas de papier à la mer, pour ne pas polluer.

Je découvre les mots

1. Maud Fontenoy a traversé 2 océans. Regarde une carte et situe-les.
2. Quelle différence y a-t-il entre une mer et un océan ?
3. Retrouve dans le texte l'expression **c'est à couper le souffle**. Qu'est-ce que cela veut dire ?
4. Fais une autre phrase en utilisant cette expression.

Je donne mon avis

1. Que penses-tu de l'aventure de Maud Fontenoy ?
2. Aimes-tu la mer ? Pourquoi ?
3. Que penses-tu des voyages en solitaire ?

Thème 7 – Les aventuriers de la mer

Interview

Rencontre avec Maud

Emmanuel : Est-ce que le seul danger, c'est les tempêtes ?

Maud : Il y a quatre gros dangers. D'abord les tempêtes. J'ai rencontré des vagues de 10 mètres de haut, c'est très large et très noir. Je m'enferme dans le bateau, mais des fois, le bateau se retourne, l'eau entre par le capot. C'est dur, on a peur que le bateau se casse. Le danger des icebergs, c'est qu'on risque de s'écraser dessus. Après il y a les requins : quand je descends dans l'eau pour gratter les coquillages ou les algues sous le bateau, cela les attire. Quand je pêche des dorades pour les manger crues, je rejette les déchets et il y a du sang. Cela aussi attire les requins... Enfin il y a les cargos. Ce sont des monstres de fer qui foncent. Moi, je suis comme un escargot qui traverse l'autoroute. Je dois changer de direction pour les éviter.

Dans son bateau, Maud accroche des photos et des dessins d'enfants. Ça lui donne du courage pendant les tempêtes.

J'observe

1. Observe la photographie ci-dessus. Que représente-t-elle ?
2. Maintenant, lis le texte dans l'encadré en couleur. À quoi sert-il ?
3. Où peux-tu lire la date à laquelle a été publiée cette interview ?

Je comprends

1. Quels sont les quatre gros dangers que Maud a rencontrés ?
2. Pourquoi dit-elle que son projet de 2006 sera difficile ?
3. Quel moment de l'aventure trouve-t-elle le plus dur ?
4. Pourquoi est-elle contente chaque fois qu'elle revient à terre ?

Fontenoy (2)

Quentin : Dans votre tour du monde, en 2006, pensez-vous aller jusqu'au bout ?

Maud : Quand on part dans une aventure, il y a toujours plein de difficultés d'un côté et plein de bonheur de l'autre. On part si les moments de bonheur sont plus lourds que les difficultés. C'est vrai dans chaque chose de la vie : « Je veux faire ce métier, je veux réussir cet examen… » Il y a toujours des moments durs… Mon tour du monde va être difficile parce qu'il va être contre les vents et les courants, il n'y a aucune femme qui l'a fait… Alors avant de partir, il faut avoir tout bien organisé pour éviter les problèmes. Il faut avoir beaucoup de prudence et de discipline dans sa tête. Si je pars, c'est d'abord parce que cela me passionne de faire le tour de la planète. Donc j'espère aller jusqu'au bout…

Sophie : Qu'est-ce qui sera le plus dur ?

Maud : Le départ. Quand tu es seule au milieu de la mer, tu te débrouilles pour survivre. Mais quand tu dois partir, tu te demandes si tu n'es pas malade de vouloir faire cela.

Maud à l'arrivée en Espagne après sa traversée de l'Atlantique.

Juliette : Vous sentez-vous différente depuis vos exploits ?

Maud : Non, pas du tout en fait. Quand j'étais petite, que maman m'aidait à faire quelque chose, je disais toujours : « Moi fais, moi fais. » c'est dans mon caractère de faire les choses toute seule… Alors je pars toute seule pour vivre une aventure avec moi-même et pour être complice avec la nature. La seule chose qui change quand on revient sur terre, c'est qu'il y a beaucoup de choses qui vous ont manqué. Alors même si on n'aime pas les épinards, quand on revient au bout de 4 mois, on est très content d'en manger !

Cette interview a été réalisée pour le magazine Images Doc *(Spécial mer, n° 211, juillet 2006, © Bayard Presse). Depuis, Maud a bien réalisé son projet… et en a maintenant de nombreux autres !*

Je découvre les mots

1. Cherche le sens du mot **iceberg**.
2. Connais-tu d'autres mots anglais utilisés en français ? Lesquels ?
3. Qu'est-ce qu'un vent ? Connais-tu des noms de vents ?

Je donne mon avis

1. Aimerais-tu faire un voyage comme celui de Maud ? Pourquoi ?
2. Si tu partais en mer, qu'est-ce qui te manquerait le plus ?

Roman

Avril prend la mer

Avril est une jeune orpheline qui vit avec sa tante, Véritie Victorine. Elle doit partir à la recherche de papiers qui prouvent que la maison de sa famille lui appartient bien. Mais la seule personne qui peut l'aider se trouve sur une île perdue en mer. Avril embarque à bord de son radeau… et se retrouve au milieu d'une tempête !

Avril n'était pas de celles qui abandonnent facilement. Mais elle était presque au bord des larmes quand, aux environs de midi, elle entendit un bruit de frottement, suivi d'un grincement. Le radeau vibra et arrêta sa course, la projetant à moitié par-dessus bord. Elle essaya de voir à travers
5 le brouillard doux et épais. Des perles d'humidité tombèrent de sa frange bouclée sur ses cils. Elle secoua la tête et se frotta les yeux.

Deux rochers pointus se dressaient hors de l'eau, juste à côté d'elle. Son radeau avait accosté au pied de l'un d'eux, et s'était brisé net. Elle essaya de le dégager, mais en vain. Elle poussa et tira de toutes ses forces, mais un
10 craquement retentit, et elle sentit la fraîcheur de l'eau envahir son corps.

Aucun navigateur digne de ce nom ne part jamais sans fusées de détresse. Ces puissants feux d'artifice sont indispensables pour lancer un appel à l'aide. Quand Avril avait montré son radeau à Véritie – elle l'avait fabriqué en secret, avec l'aide de Wolfie –, sa tante lui avait offert des fusées, un gilet
15 de sauvetage avec un sifflet attaché, un compas et une trousse de secours qu'elle gardait dans une petite boîte à côté du gouvernail.

En cherchant désespérément les fusées, protégées par une pochette imperméable, Avril tomba dans la mer. L'eau était aussi mordante et froide qu'elle s'y attendait, mais à sa grande surprise, elle ne lui arrivait qu'à la poitrine.
20 Au moment précis où ses pieds touchèrent le fond, la brume s'écarta et laissa voir une trouée, qui révéla le paysage. Soit Avril avait dérivé vers le rivage, soit elle avait découvert une île. Elle traîna ce qu'il restait de son radeau sur la plage, et fit une rapide inspection. La trousse de secours avait disparu, mais les fusées étaient encore intactes.

Henrietta Branford, *Avril prend la mer*,
traduit par Valérie Mouriaux, coll. « Folio Cadet »,
© Éditions Gallimard Jeunesse – Télérama.

---

un radeau : un petit bateau fait de morceaux de bois assemblés.

accoster : se ranger le long de quelque chose.

un compas : la boussole des marins.

dériver : être entraîné par les courants et s'écarter de sa route.

Je comprends le texte

1. Qui est Avril ?
2. Pourquoi embarque-t-elle sur un radeau ?
3. Qu'arrive-t-il à son radeau ?
4. Qui est Véritie ?
5. Pourquoi Avril tombe-t-elle à l'eau ? Comment est l'eau ?
6. Pourquoi est-elle surprise ?
7. Que découvre-t-elle à la fin du texte ?

Je découvre les mots du texte

1. Relève l'équipement que Véritie a offert à Avril.
2. Pour chaque élément de cet équipement, indique à quoi il sert.
3. À quel(s) mot(s) le mot **gouvernail** te fait-il penser ? À l'aide de ce(s) mot(s), explique ce qu'est un **gouvernail**.

J'observe les phrases du texte

1. Recopie la phrase suivante, souligne le verbe et encadre le sujet.
   - Aux environs de midi, Avril entendit un bruit sous son radeau.
2. Qu'entend Avril ?
3. Quelle indication te donne le groupe de mots **aux environs de midi** ?
4. Quel groupe de mots répond à la question : **où Avril entend-elle un bruit ?**

> - Une phrase est souvent composée d'un sujet, d'un verbe et de compléments.
> - Tu peux **l'allonger en rajoutant des informations supplémentaires** (adjectifs, précisions sur où et quand se passe l'action...).
> - Tu peux également **la raccourcir en supprimant ces informations**.
>
> Aux environs de midi, Avril entendit un **grand** bruit **sous son petit radeau**.
> → Avril entendit un bruit.

Je m'exerce à lire et à dire à voix haute

1. Observe le texte de la ligne 1 jusqu'à **bord** (ligne 4). Combien y a-t-il de virgules ? À quoi servent-elles ?
2. Relis ce passage en marquant les pauses et en mettant le bon ton.

Je donne mon avis

1. Que va-t-il arriver à Avril ?
2. Aimerais-tu vivre sur une île déserte ? Pourquoi ?

J'écris

- Imagine ce que pense Avril au moment où elle tombe à la mer.

Thème 7 – Les aventuriers de la mer

Vocabulaire

Les homophones

J'observe

Pour boire, j'utilise une machine qui filtre l'eau de **mer** et retient le sel.

Interview de Maud Fontenoy, © Bayard Presse.

1. Lis cette phrase et observe le mot en couleur. Connais-tu d'autres mots qui se prononcent comme lui mais qui ont un autre sens ?

2. Écris ces mots et explique-les.

Je m'exerce

1. Recopie et complète chaque phrase avec le bon mot. Tu peux t'aider d'un dictionnaire.

   cou – coup
   - J'ai reçu un … de pied.
   - La girafe a un long … .

   chant – champ
   - Entends-tu le … des baleines ?
   - Le … de maïs est labouré.

   ton – thon
   - Le … est un poisson.
   - Il faut lire en mettant le … .

   laid – lait
   - Pour faire de la purée, il faut du … .
   - Cette grimace te rend très … .

2. Lis ces phrases et relève les mots qui se prononcent de la même façon mais n'ont pas le même sens.
   - Mon grand-père cherche sa canne.
   - Ma sœur danse comme si elle était dans un ballet.
   - Mamie écrit une lettre à l'encre noire.
   - Lou passe le balai dans la cuisine.
   - Mon frère observe la cane et ses petits.
   - Papa nettoie l'ancre de son bateau.

3. Recopie ces couples de devinettes et complète. Tu peux t'aider d'un dictionnaire.
   - Je ne l'oublie pas à la fin d'une phrase écrite : … . / Quand je serre tous mes doigts, je le montre : … .
   - C'est la femme de mon oncle : … . / On y dort quand on fait du camping : … .
   - C'est la couleur des feuilles en été : … . / On s'en sert pour boire : … .
   - Elle est en tube dans ma trousse : … . / Toutes les chemises en ont un : … .

4. Cherche dans ton dictionnaire des homophones du mot **saut**. Attention aux différentes façons d'écrire le son [o] !

5. Les quatre homophones suivants ne sont pas placés dans les bonnes phrases : **ver**, **vers**, **verre** et **vert**. Recopie ces phrases avec le bon homophone.
   - J'ai soif ! Je vais boire un grand **ver** d'eau.
   - Le **vers** de ce tee-shirt est très beau.
   - Rebecca se dirige **verre** la maison.
   - Le pêcheur accroche un **vert** à son hameçon.

JE RETIENS

Des mots qui se prononcent de la même façon mais qui s'écrivent différemment sont appelés des **homophones**.

Ma **mère** est à la maison.   Le **maire** a été réélu.   La **mer** est agitée.

Projet d'écriture

Écrire les questions pour une interview

J'observe

1. Relis l'interview de Maud Fontenoy (pages 146 à 149).
2. Comment la navigatrice est-elle présentée ?
3. Sur quoi porte la première question de l'interview ?
4. À quel moment de l'interview lui pose-t-on des questions sur son projet futur ?
5. Quelle conclusion apporte la dernière question ?

Maud Fontenoy.

J'écris les questions d'une interview

- À ton tour, prépare des questions pour interviewer une personne sur son parcours ou sur son métier.

Des outils pour t'aider

- **Choisis qui tu veux interviewer :**
un de tes parents ou grands-parents – le boulanger – le jardinier – le boucher – les élèves d'une autre école ou d'une autre classe – la maîtresse ou le maître – un sportif ou une sportive – un artiste – un scientifique…

- **Cherche les thèmes de tes questions :**
son enfance – ses études – sa vie – ses projets – son métier – ses idées…

- **Réfléchis à comment commencer tes questions :**
Qui… – Est-ce que… – Quand… – Comment… – Pourquoi… – Où…

À mon tour d'écrire !

✓ Choisis à qui tu veux poser tes questions.

✓ Choisis les thèmes que tu veux aborder et écris deux ou trois questions pour chaque thème.

✓ Réfléchis au meilleur ordre pour poser tes questions.

✓ Vérifie que tes questions commencent par une majuscule et se terminent par un point d'interrogation.

Quand tu as fini, envoie ou va poser tes questions à celui ou celle que tu as choisi !

Poésie

Ma frégate

Qu'elle était belle, ma frégate,
Lorsqu'elle voguait dans le vent !
Elle avait, au soleil levant,
Toutes les couleurs de l'agate ;
Ses voiles luisaient le matin
Comme des ballons de satin ;
Sa quille mince, longue et plate,
Portait deux bandes d'écarlate
Sur vingt-quatre canons cachés ;
Ses mâts, en arrière penchés,
Paraissaient à demi couchés,
Dix fois plus vive qu'un pirate,
En cent jours du Havre à Surate
Elle nous emporta souvent.
Qu'elle était belle, ma Frégate,
Lorsqu'elle voguait dans le vent.

Alfred de Vigny, *Poèmes antiques et modernes.*

Vive le voilier qui passe

Les flâneurs sont sur le quai
— Vive le voilier qui passe ! —
Les flâneurs sont sur le quai
Et rêvent de s'embarquer.

Mais rêver ne mène à rien
— Vive le voilier qui passe ! —
Mais rêver ne mène à rien.
Les marins le savent bien.

Vent de quart ou vent debout
— Vive le voilier qui passe ! —
Vent de quart ou vent debout,
Il leur faut parer à tout.

Et tant pis pour qui ne voit
— Vive le voilier qui passe ! —
Et tant pis pour qui ne voit
Le bonheur claquer au mât.

Maurice Carême, *Au clair de la lune*,
coll. « Fleurs d'encre », Hachette Jeunesse,
© Fondation Maurice-Carême,
tous droits réservés.

Les petits Gautier

Une nouvelle collection
enrichie de fiches pédagogiques
pour aider les enseignants
à faire entrer les élèves
dans le monde merveilleux
de la lecture.

ché dos carré
× 18 cm
ages

iqués en plat 4 :
résumé
niveau de lecture
s thèmes abordés

Toutes les informations sur la collection à retrouver sur www.gautier-languereau.fr

Gautier · Languereau

Diffusé par Hachette Illustré

Corinne Albaut - auteur de littérature de jeunesse

Après des études d'anglais et trois années d'enseignement, dont une en Angleterre, le temps d'y découvrir les *nursery rimes*, Corinne Albaut a commencé à écrire des comptines et des chansons pour les enfants, à la naissance de son premier fils.

Elle a enregistré huit albums de comptines, en tant qu'auteur-compositeur-interprète, écrit pour plusieurs magazines pour la jeunesse (Pomme d'Api, Les Belles Histoires, Toboggan, Perlin…) et travaille actuellement pour les éditions Bayard, Actes Sud Junior et les Éditions du Patrimonine, Casterman, Guld Stream Éditeur. Par ailleurs, Corinne Albaut se rend fréquemment dans les écoles, bibliothèques et salons du livre, pour y rencontrer ses lecteurs.

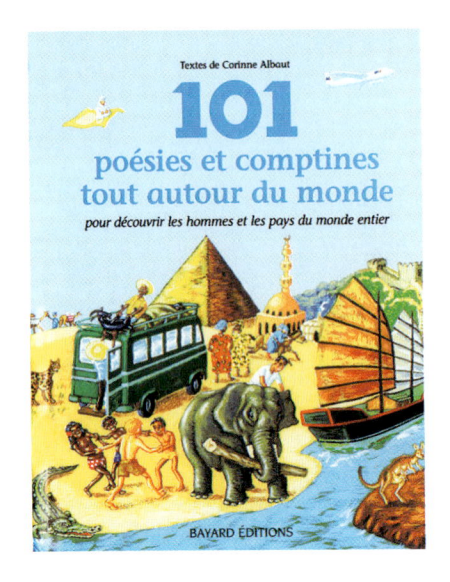

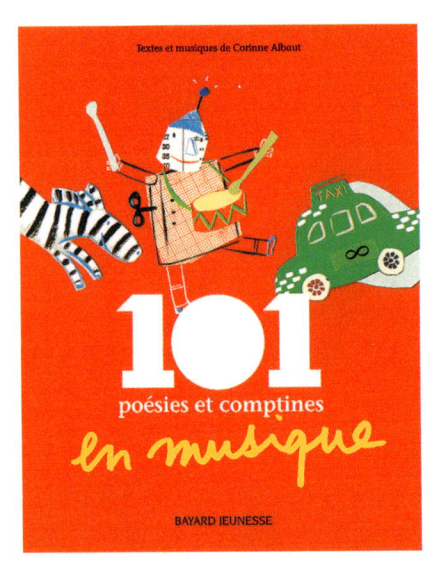

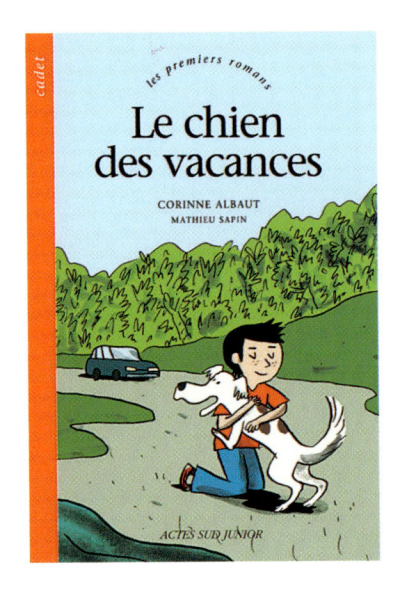

Mon premier Larousse des légendes de la mythologie

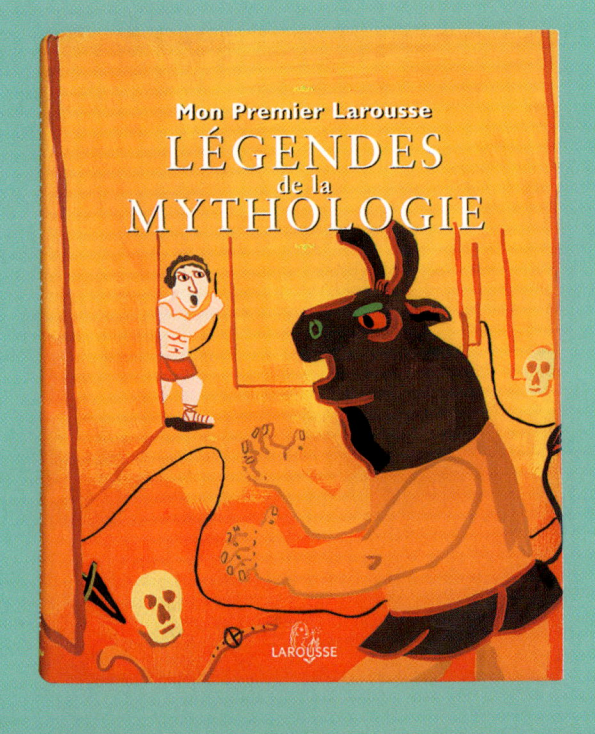

Retrouvez toute la magie
des contes africains

autrement

Des textes d'une grande force poétique, de superbes illustrations aux tons chauds et ensoleillés... La douceur et la naïveté de l'enfance, la poésie du récit africain et la simplicité du conte oral.

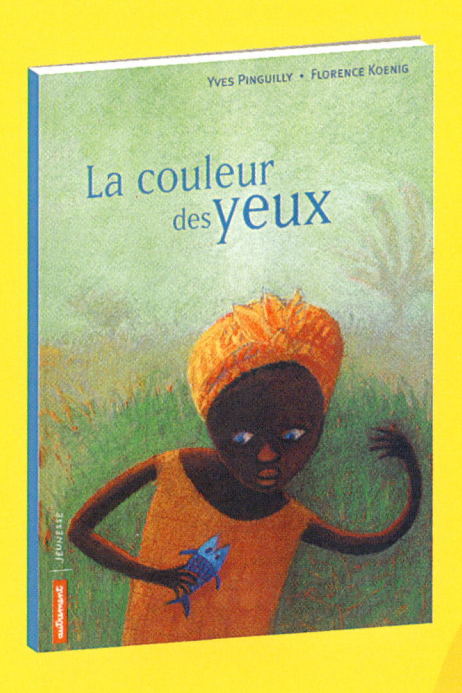

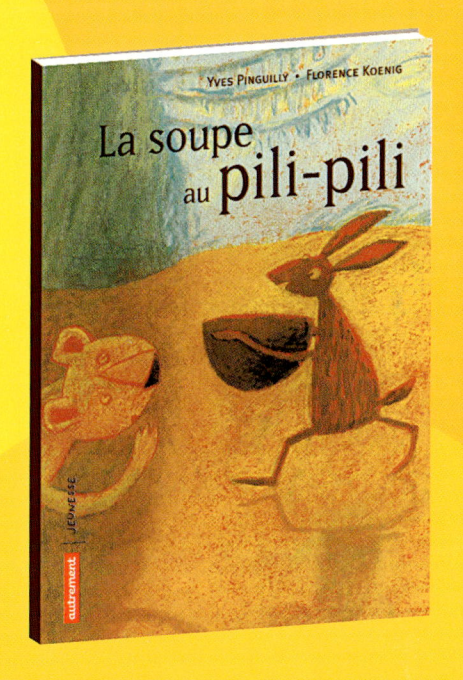

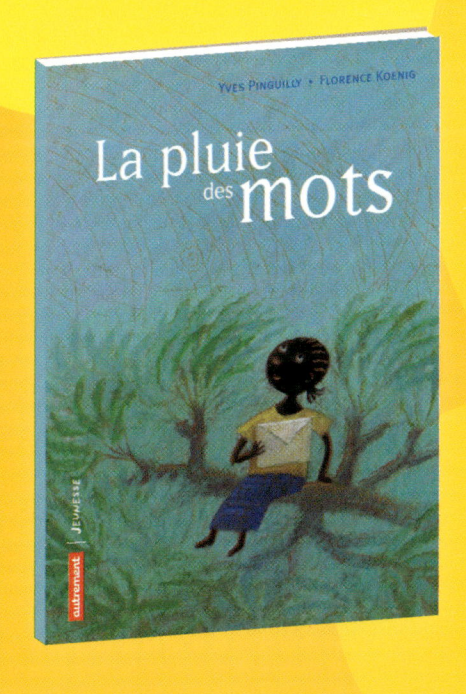

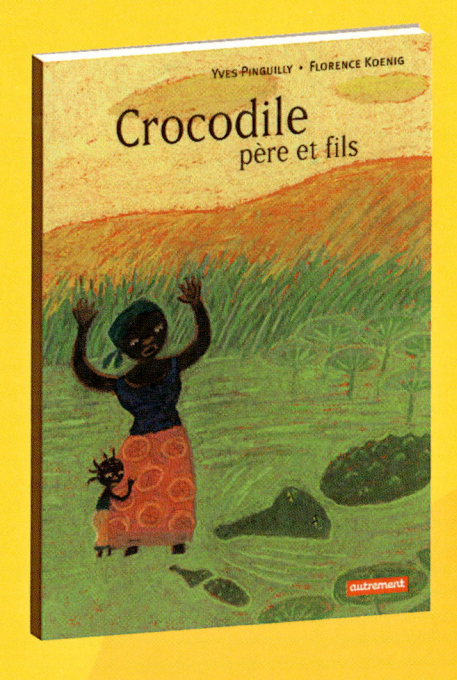

- La couleur des yeux — Yves Pinguilly • Florence Koenig
- La soupe au pili-pili — Yves Pinguilly • Florence Koenig
- La pluie des mots — Yves Pinguilly • Florence Koenig
- Crocodile père et fils — Yves Pinguilly • Florence Koenig

En vente en librairie – 32 p. – 195 x 270 mm – 12,50 €
Éditions Autrement – 77, rue du Faubourg-Saint-Antoine – 75011 Paris – tél. : 01 44 73 80 00 – fax : 01 44 73 00 12 – www.autrement.com

Yatiri et la Fée des Brumes

L'auteur

Danièle Ball-Simon est née en France, en 1961. En 2002, elle s'installe au Chili. Elle sympathise avec des peuples indiens, et se met à écrire des contes qui parlent d'eux, de leurs légendes, de leur culture. C'est ainsi qu'est né *Yatiri et la Fée des Brumes*. Aujourd'hui, elle vit à Santiago. Elle est l'auteur, entre autres, d'*Une peur monstre* et de *Petit frère loup* aux éditions Nord-Sud.

L'Illustrateur

Mireille Vautier est née en 1962 et vit à Paris. Après des études aux Arts Décoratifs de Paris, elle illustre ses premiers livres pour Hatier. Aujourd'hui, elle publie chez différents éditeurs, notamment Gallimard Jeunesse (Giboulées). Chez Albin Michel Jeunesse, elle a illustré des albums et les *Paroles de fraternité*.

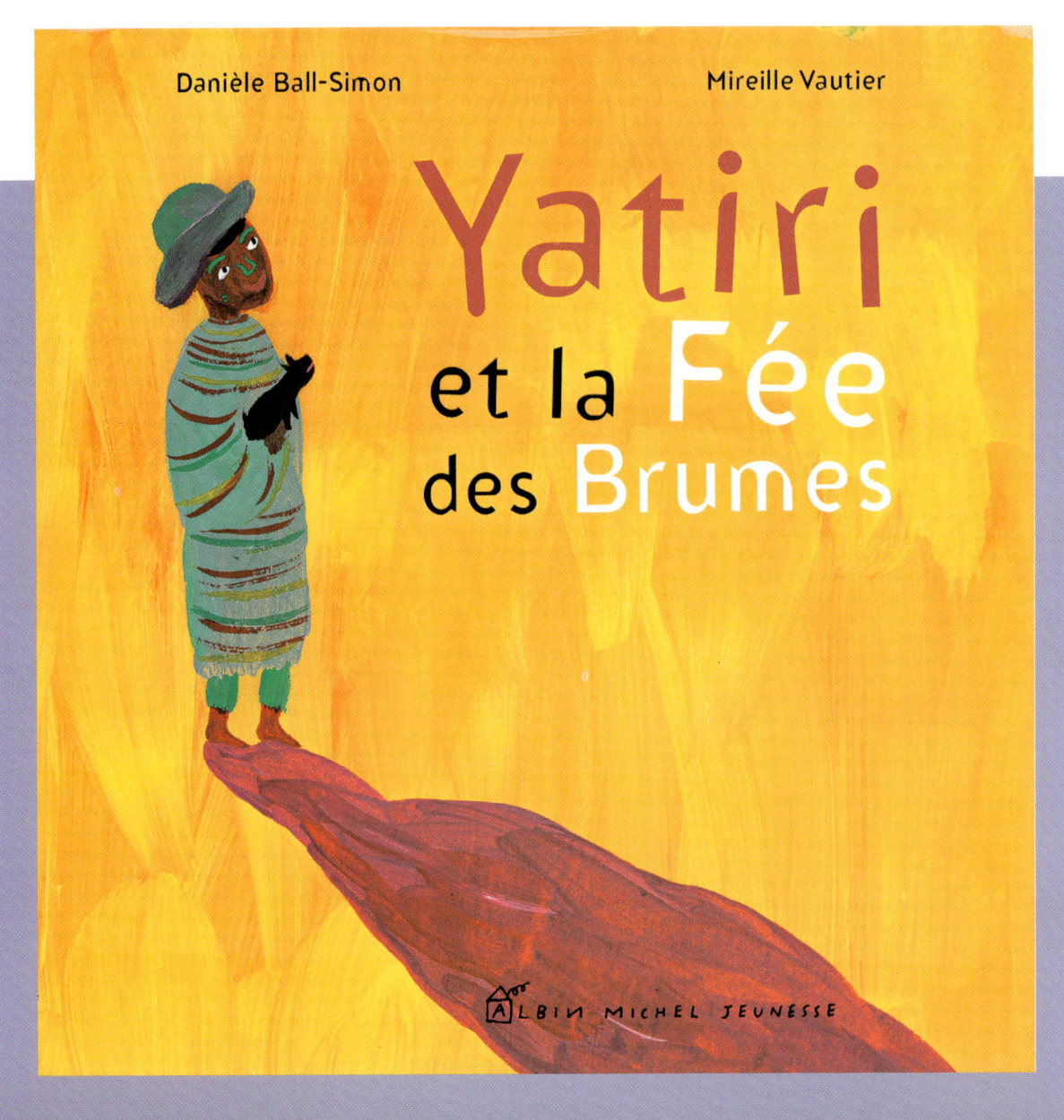

Bienvenue dans la préhistoire avec PETIT FÉROCE

Illustration : Mérel

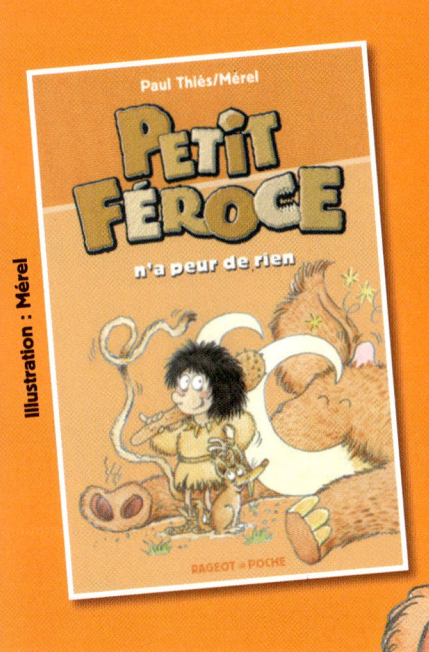

Petit Féroce n'a peur de rien — Paul Thiès/Mérel

RAGEOT

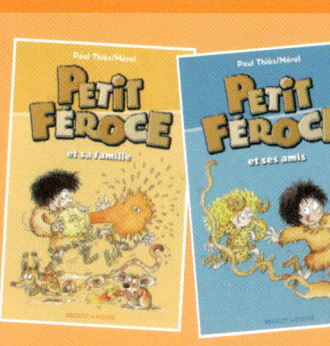

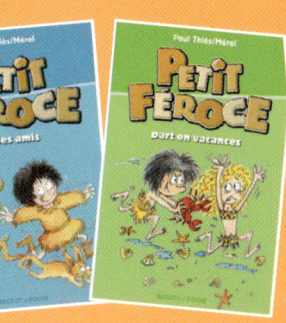

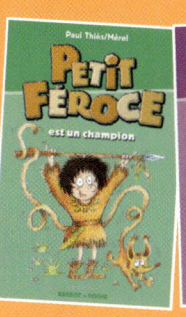

- Petit Féroce et sa famille
- Petit Féroce et ses amis
- Petit Féroce part en vacances
- Petit Féroce contre les Marmicreux
- Petit Féroce est un champion
- Petit Féroce va à l'école
- Petit Féroce et le monstre des neiges

www.rageot.fr

Crédits photographiques

p. 20 : h. © BIOS/Klein J.-L. & Hubert M.-L. ; **b.** © Ted Horowitz/Corbis. – **p. 21 : h.** © BIOS/Klein J.-L. & Hubert M.-L. ; **b.** © Cordier Sylvain/Jacana/Eyedea. – **p. 38 : h.** © Anna Peisl/Zefa/Corbis ; **b.** © Duomo/Corbis. – **p. 39 :** © Alex Mares-Manton/Asia Image/Getty Images – **p. 78 : h.** © Nicolas Tavernier/Rea ; **m.** © Troncy Michel/Hoa-Qui/Eyedea ; **b.** © Powell John/Sunset. – **p. 79 : h.** © Renaudeau Michel/Hoa-Qui/Eyedea ; **b.** © John Vink/Magnum Photos – **p. 98 : h.** © Planet Observer/Hoa-Qui/Eyedea ; **b.** © Gloaguen Hervé/Rapho/Eyedea. – **p. 99 : h.** © Bios/Alcalay Jean-Jacques ; **b.** © Meiko Arquillos/zefa/Corbis. – **p. 124 :** © Collection Dagli Orti/Musée Archéologique Palerme/Gianni Dagli Orti. – **p. 146 :** © Jean-Christophe L'Espagnol. – **p. 147 :** © Roland Jourdain/Sipa. – **p. 148 :** © Arnaud Courrot/www.conceptouest.com/DPPI. – **p. 149 :** © Arnaud Courrot/www.conceptouest.com/DPPI. – **p. 153 :** © Jean-Christophe L'Espagnol.

Crédits des illustrations

Couverture, p. 1 et mascottes Max : Michel COUDEYRE.
Autres illustrations : Paul BEAUPERE (pp. 30, 32 et 34) ; Géraldine BESNARD (pp. 24, 27, 103, 151) ; Corinne BITTLER, (pp. 46 et 106) ; Jérôme BRASSEUR (p. 126) ; Laure-Emmanuelle DELVAL (pp. 28 et 66) ; Nathalie DESVERCHÈRE (pp. 58-59 et 129) ; Claire GANDINI (pp. 86 et 154) ; Nicolas HUBESCH (pp. 19, 26, 36, 57, 64, 77, 84, 96, 104, 120, 128 et 145) ; Audrey KUMAR (pp. 60, 61, 80 et 130) ; Camille LADOUSSE (pp. 42 et 100) ; Peggy NILLE (pp. 12, 14, 16, 62, 63, 88, 89, 90, 92-93 et 94) ; Gilles POING (pp. 27, 39, 45 et 105) ; Ghyslaine VAYSSET (pp. 108, 109, 110, 112, 113, 114, 117 et 118).

Achevé d'imprimer en Italie par Deaprinting
Dépôt légal: Janvier 2008 - Collection n°88 - Edition 01
11/7391/3

L'alphabet

a b c d e f g h i j k l m
n o p q r s t u v w x y z

A B C D E F G H I J K L M
N O P Q R S T U V W X Y Z

a b c d e f g h i j k l m
n o p q r s t u v w x y z

A B C D E F G H I J K L M
N O P Q R S T U V W X Y Z